身體意象

作者　Sarah Grogan

主編　余伯泉博士與洪莉竹博士

譯者　黎士鳴

弘智文化事業有限公司

Body Image

Sarah Grogan

Chinese edition copyright © 2001

By Hurng-Chih Book Co.,LTD.

for sales in Worldwide

ISBN 957-0453-37-0

Printed in Taiwan, Republic of China

目錄

圖說╱III

原書序╱V

致謝╱VII

譯序╱IX

第一章　序論╱001

第二章　文化與身體意象╱009

苗條理想化╱009

理想體型的基礎╱012

摘要╱033

第三章　女性與身體滿意度╱049

身體滿意度的評量╱050

女性的社會建構╱084

摘要╱091

第四章　男性與身體滿意度╱093

身體滿意度的評量╱094

男子氣概（masculinity）的社會建構╱120

摘要╱122

第五章　媒體效應／125

媒體中的身體肖像／125

傳媒理論模式／129

最近的發展／151

減少媒體影像的影響力／152

摘要／154

第六章　年紀、社會階層、種族與性取向／157

生命週期與身體意象／158

種族與身體滿意度／179

社會階層與身體滿意度／184

體型與性取向／191

摘要／218

第七章　結論與應用／221

低身體滿意度的族群／223

發展正向的身體意象／237

綜合討論／248

摘要／252

附錄／255

哪些因素使你（妳）的體重過重／255

參考文獻／259

插圖

圖片   III

1. Rembrandt van Rijn,浴室 （1654）

2. Gustave Courbet,畫室 （1855）

3. Auguste Renoir,出浴圖 （1881）

4. Flapper fashion 流行服飾

5. Marilyn Monroe

6. Twiggy

7. Kate Moss

8. Sandro Botticelli, St Sebastian （1474）

9. Michelangelo, The Nattle of Cascina （1504）

10. Luca Signorelli,兩個裸體 （1503）

11. Dolph Lundgren

12. Jean-Auguste-Dominique Ingres,The Turkish Bath （1863）

13. Claudia Schiffer

14. Arnold Schwarzenegger

圖

3.1   女性身體輪廓評估量表

3.2   女性身材

4.1   男性身體輪廓評估量表

5.1   看照片對身體評價的影響

6.1   腰臀比的女性範例

6.2   不同胸部大小的範例

6.3   腰臀比的男性範例

6.4   不同胸膛大小的範例

7.1   男性與女性所從事的各項活動中須花費體力的比例

7.2   小孩休閒時間玩遊戲或運動的頻率

表

2.1   成人的身高體重表

原書序

　　本書回顧目前有關男性、女性與兒童身體意象之研究，
並呈現近來在英國與美國所進行之訪談、問卷、以及實驗研
究等資料。

　　對於心理學、社會學、女性研究、男性研究以及媒體研
究有興趣的人，極適合閱讀本書。本書，對於有志於了解身
體意象的人相當有幫助。雖然本書在第七章會提到厭食症等
臨床問題，但本書並非特別針對臨床工作者而撰寫，所以這
部份的著墨會少一些。本書，主要是想整合目前的身體意象
研究，讓處於跨世紀時代的人們，可以對此議題有統整性的
了解。

　　過去對於身體意象的研究大多著重在女性，近年來才出
現有關男性體型意象的研究。本書特別整理了有關男性與女
性的體型意象之研究。因為在1980-1990年代，男性軀體逐
漸在媒體中曝光，使得有興趣了解其心理與社會現象的研究
增加。本書主要目的是，統整目前有關身體意象的新研究，
並且統整有關體型滿意度與體型大小等評估的研究，幫助大
家對此議題有更完整的了解。本書包含了在社會學、心理

學、女性研究、男性研究以及媒體研究中的質性與量化之研究，用以顯示不同領域間的研究如何相互補足，並從更寬廣的視野來探討這些議題。

本書所選用的資料，大多來自英國、美國與澳州的研究。這些研究資料大多由文獻中取得，另外的一些新資料則是特別為本書而蒐集。有些新資料由英國Manchester Metropolitan大學的研究生蒐集，美國Santa Fe Community學院的研究人員則負責訪談與問卷部分。希望這些新的資料，能讓大家更完整的了解文化對於身體意象的影響。

譯者註：在本書，譯者也將國內的資料一併放進文中，希望能夠讓本書更加豐富。

致謝

　　我要感謝所有協助本書編著工作的專家們，還有那些參與訪談與填寫問卷的受訪者，謝謝你們與我們分享您的經驗。接下來要謝謝一些同學，在Manchester Metropolitan大學的Penny Cortviend, Lisa Bradley, Helen Richer, Debbie Mee-Perone, Clare Donaldson, Wendy Hodkinson與Nicola Wainwright，與在Santa Fe 社區學院的Jacqueline Gardner, Renee Schert, Melissa Warren, Harry Hatcher, Damien Lavaleem Timothy Ford與Rhonda Blackwell），他們都協助訪談與問卷施測工作。我也很感謝Paul Husband與Geoff Hunter在訪談資料上的提供。

　　在本書的撰寫過程，要謝謝同事、朋友、家人對本書的協助。特別要謝謝Alan Blair, Jane Tobbell, Carol Tindall, Emma Greighton, Edward Grogan, 與Joanne Wren對本書提供的回饋。還要謝謝一些人在訪談資料處理上的幫助（Marilyn Barnett, Viv Ward與Jon Reed）以及Nicholas Mirzoeff與Michael Forster在訪談中的協助。

　　當然，要謝謝一些出版商的同意，讓本書引用一些照片

身體意象

　　與圖片，使本書增添不少色彩。

　　　當然，最感謝的是Mark Conner，他無怨無悔地閱讀與
修改我的文章，有了他的支持，讓本書得以順利產生。

VIII

譯者序

　　外表，真的是一件很重要的事。在生活中，我們可以發現越來越多的人因為自己的外表而感到心情低落，甚至出現自我否定的現象。「恐龍」「愛國」等等對於外表「抱歉」的描述，充斥在生活中。在網路上，只要說明檔寫著「陽光俊秀」、「清純可愛」等等帥哥美女的描繪，就會有相當多人的查詢或傳訊。因為這樣的生活經驗，讓我自己也開始關注到這些「面子」問題。《身體意象》這本書正好可以幫助我們了解，我們為何會開始注意到自己的外表，並且因外表而受苦。

　　當接下這個翻譯工作時，自己有相當多的擔心與不安。一來，自己的研究工作繁重，怕無法及時完稿。二來，自己的能力有限，無法精確地將語文轉換，讓原書以中文原味呈現。所幸，出版商的諒解，減少我時間的壓力。再來是林宜親教授的細心閱讀與校閱，讓我可以更有效地完成翻譯工作。

　　期待本書可以給大家一些新的思考。不論是專業人員或普羅大眾，都可以藉由本書而更加了解自己，也更清楚身體

意象這樣的課題。

　　謹以本書　獻給　我摯愛的友人　因為你們的支持 讓我能夠完成這項工作！

X

　　　　　　　　　　　　　　　　　　　　黎士鳴

　　　　　　　　　　　　　　　　　　于　中正大學

第一章　序論

在1920年代，Paul Schilder開啓了心理學以及社會學界對於「身體意象」（body image）的興趣；Paul Schilder可以稱爲以心理學以及社會學的觀點來研究身體意象的始祖。在Schilder之前，對於身體意象的研究，大多著重於個體因腦傷而產生的身體知覺扭曲現象。Schilder在進行身體意象的研究過程中，廣泛地採用心理學以及社會學的理論架構，來探索個體對於自己身體的覺察與體驗。在《人體的意象與外觀》（The image and appearance of the human body）（1950）一書中，他認爲身體意象不只是一種認知架構，還包括他人的態度以及與他人的互動。他也特別注意身體意象的本質，其中包括影響體型知覺變動的原因，過輕與過重的感覺以及身體意象對於人際互動的影響。對於身體意象這個概念，他定義爲：

> 個體心中對於自己身體的描繪，換句話說，就是個體怎麼看自己的身體外型。

（Schilder, 1950：11）

（譯者註：對於Schilder的文章，可以閱讀他在1950年所撰寫的「The Image and appearance of the Human

Body」）

從1950年開始，研究人員認為「身體意象」包含不同層面，包括，個體對於自己身體魅力的知覺、對於體型扭曲的知覺、對自己身體輪廓的知覺、以及個體對於身體知覺的正確性（Fisher，1990）。在本書中，我們將身體意象定義為：

個體對於自己身體的知覺（perceptions）、想法（thoughts）以及感受（feelings）。

此一定義涵蓋Schilder最初對體型意象定義的要素，包含：身體大小的推估（知覺層面）、對自己外型魅力的評估（想法層面）、以及對於自己體型的感覺（感受層面），我們並採用Thomas Pruzinsky以及Thomas Cash（1990）的看法，將「身體之不滿意」（Body dissatisfaction）定義為：

個體對於他／她自己身體之負面的想法與感覺。

在最近幾年，學術界以及一般大眾開始重視身體意象這個議題。Bryan Turner（1992）採用「體型的社會」（somatic society）一詞，來說明身體意象這個議題在當代社會學的重要性，使得關於身體的社會學研究，在1990年代成為一門重要學問。Mike Featherstone 以及Bryan Turner於1990年代中期在英國創刊的「身體與社會」（body and society），顯示身體的角色受到社會學理論的重視。除了社會學家以外，心理學家也逐漸對身體意象的心理學感到興趣，有不少研究開始探討，哪些心理因素會影響到個體對於自己身體的滿意程度。

在英國和美國的報紙以及雜誌，充斥著整型手術、異常飲食行為、節食（以及節食危險性）的故事，也出現了對於廣告採用窈窕美女的批判（在廣告中的美女往往都是身材纖細的女性）。由此看來，在二十世紀末是重視身體意象的時代。

　　（譯者注：在二十世紀末，台灣也吹起了塑身、減肥風，並且這股重視外型、善待自己的風氣也一直延伸到千禧年甚至來臨的二十一世紀）

　　由於身體意象是一種會受到社會因素影響的心理現象；因此在本書，我將採用心理學以及社會學的觀點，來探討身體意象這個主題。為了能夠全面性地探索這個議題，我們不只是要探討個體與自己身體的關係，還要看看社會文化環境如何影響個體的內在運作。只有藉著同時探討心理以及社會因子，我們才能完整地說明，由個體與社會因子互動而生的產物──身體意象。

　　在本書，身體意象將界定為，一種會受到社會影響而改變的主觀經驗。至於個體對於自己體型的主觀經驗與他人對個體身體的知覺，兩者之間並沒有必然的關係。此一現象在個體對自身體型的扭曲方面非常明顯，（例如：許多神經性厭食症的婦女認為自己過胖〈主觀評估〉──客觀評估並未過胖）；還有一種「幽靈肢體」（phantom limb）的現象（例如：一個手臂被切除的個體，還是感覺到他的手臂還存在）。除了以上明顯的例子以外，我們還可以發現相當多的女性，雖然從身高與體重的比例來看他們是正常或比平均值低，但是他們還是覺得自己過胖；而男性也有這種認為自己

過瘦或過胖的困擾。個體對自己體型扭曲的看法非常明顯

　　身體意象也會受到社會互動經驗的影響；它是有彈性
的，並且會受到新經驗（或訊息）的影響而改變。媒體也是
影響個體如何看待自己的外型以及如何評價自己身體的一種
管道，而影響層面則依個體對這些訊息的重視程度而定。有
些人對這些媒體訊息比較敏感，而有些人則比較不會注意。
例如青少年對這些訊息特別敏感，因為他們正處於生理與心
理改變的青春期，此時他們的身體意象特別具有可塑性。另
外還有一些人也會對於這些有關身體形象的媒體訊息特別敏
感，如異常飲食行為者以及健美的人。研究者認為我們都會
有一些社會參照團體（可能是朋友、家人或媒體），會提供
一些身體意象的相關訊息給我們。由於身體意象是一種社會
建構的產物，所以在探討這個問題時，要將他放入文化的情
境中。

　　本書將探討男性與女性的身體意象，會把焦點放在文化
對於身體意象的影響；並且探討兩性在不同年齡層時，對自
己身體外型的滿意或不滿意的程度。我將整合心理學、社會
學的理論與資料，加上女性研究以及媒體研究等結果，試著
瞭解男性和女性如何看待他們的體型與體重。在歐美等西方
國家，女性從八歲開始，即普遍對自己的體型不滿意，並且
對於行為產生很大的影響，例如努力地改變體型（如塑身或
減肥），以及避免一些會暴露身材的活動（如游泳）。而男性
也是在八歲開始在意自己的體格是否標準，且許多成年男性
其自尊是來自於自己對身體外型的感覺。

（譯者註：國內健身運動的興起，似乎也可以說明男性對於自己體格的關注）

第二章會回顧過去有關文化以及身體意象的相關研究。西方文化窄化了男性與女性對於體型的接受範圍，並且當你落於這個理想體型的範圍以外，將會感受到歧視（特別是體重比文化所能接受的重）。對此，我們也回顧了有關西方文化對於理想體型的爭論。對於「理想體型」的界定，是生物決定論（以生物的觀點來看體型的接受度），或者是社會心理學以及社會學（著重在文化面）的影響，在本章將做一番討論。本章也將回顧在二十世紀以來，文化所能接受之理想體型的改變趨勢，特別是女性。除了探討所謂的理想的體型以外，有關體重與健康的迷思也是本章探討的重點，以及節食產業對於男性與女性生活的衝擊。第二章將提供身體不滿意的資料作為第三、四、五章之基礎，並驗證在西方社會中，個人受到社會文化的「壓迫」。

第三章，特別探討女性對自己身體不滿意的情形。藉由不同的評估方式，來評估個體對自己身體滿意程度，以探討女性對身體不滿意的程度，及女性為何會對其體型不滿意。我們由心理學、社會學以及女性相關研究發現，女性會企圖經由整形手術、節食、運動以及塑身等方式，來改變自己的身體外表。在這一章最後，將回顧文化如何強迫女性受「窈窕美女」的理想形象；這一類的發現大多來自現代女性主義學者對於社會所建構的「女性」之批判。

第四章，將著重在男性對於自身身體的滿意狀況。過去

對於身體滿意狀況的研究大多以女性為主。在相關男性的研究中發現，1980年代到1990年代之間，男性體型也受到社會壓力的影響而有所改變，社會認為男性體型應該要苗條且具有肌肉的感。從社會學與心理學理論，以及由年輕人的訪談中，我們試圖了解男性是否能覺察到社會文化對於標準形體的要求，並且看看它是否會影響到男性對身體的滿意度。我們也將回顧有關男性健美以及使用合成類固醇的相關研究發現，以了解男性想成為「肌肉男」對其心理與社交方面的影響，並了解男性一昧追求肌肉，而不顧合成類固醇副作用之動機為何。除此之外，本章還探討社會如何建構「男性」，試圖讓大家能夠看到男性所遭受到的社會壓力，以及最近社會文化對男性身材與體型大小之接受度的改變情形。

第五章，直接探討媒體對身體意象影響的相關研究。從心理學、社會學以及媒體相關研究的資料來看，個體暴露在媒體理想化體型的訊息（如廣告明星、雜誌名模）中，所受到的影響有哪些；並且利用內容分析來探討媒體所謂的「俊男」與「美女」的標準。接下來，將更進一步分析大眾傳播模式（Mass Comminication Models），參照其中的「效果模式」以及「使用與滿意模式」。對此，我們採用相關實證資料來探討直接觀看媒體中的標準體型後的效果，並以心理學的理論（採用的理論有社會比較理論以及自我基模理論）來進行分析。另外，還從實驗室的研究資料來看，媒體是如何影響男性以及女性對於身體外型的滿意狀況。最後，還探討最近媒體大量選用身材苗條模特兒的情形。面對這種現象也

開始思考，如何利用心理學以及社會學的理論來協助消除媒
體效果。

　　第六章討論年齡、種族、社會階層、性別等因素對於身
體滿意度的影響。有些學者利用問卷調查，探討個體一生中
對於自我外型滿意度的變化，而在本書中還增加了一些訪談
青少年與兒童的相關資料。我們可以發現，八歲的兒童已經
出現了對自己身體外型不滿意的現象，而其中的原因也將深
入探討。在有關種族與身體滿意狀況的研究中發現，黑人女
性多半較滿意自己的身體外型，因為其文化認為豐腴是性感
的。（譯者註：如同中國唐朝對於豐腴的喜好）。關於不同
社會階層對身體滿意度的差異，我們將探討為何中上階層的
女性對於纖瘦有特別的偏好；並將以歷史的觀點來了解彼此
的關連性。最後，將探討異性戀的男性與女性，以及男同志
與女同志對於身體外型的滿意程度；並且從社會學以及心理
學的角度切入，希望能夠瞭解在不同次文化下的影響。本章
也將包含有關女同志之次文化對抗與防衛身體不滿意情形的
研究資料。

　　在最後的結論中，我們將統整先前的章節內容。本章主
要目的是，找出能預測個體對自我身體滿意或不滿意的相關
因素；並了解透過提昇自尊和控制對身體的知覺，以及由功
能性的觀點來發展身體意象，而非由美學觀點來形成身體意
象，以對抗社會壓力及發展正向體型意象的情形。

譯者：

飲食疾患的盛行概況

　　在國內，由市立療養院（2001）所進行的調查發現，北市高中高職生暴食症的盛行率為1.8%，高職女性更是高達3.3%。研究者並發現，青少年暴食的原因與坊間瘦身文化有關。

第二章　文化與身體意象

在這一章將探討文化對於身體意象的影響，在這裡將以心理學以及社會學的觀點來看，文化對於「瘦」的偏好以及對於肥胖的歧視，並且將深入探討生物因子以及文化因子如何促使「瘦」（苗條）變成一種理想的體型。

苗條理想化

在大部分的西方社會中，身材苗條常被視爲快樂、成功以及年輕有活力，而且是被社會接受的體型。肥胖，則被視爲懶惰、缺乏意志力、沒有自我控制能力。對於女性，理想的身材是纖細、苗條；而男性則是勻稱但有適度肌肉。對於身材苗條的人，並沒有實證的證據發現這些人會遭遇到負面的人際互動；但是過重、過胖的人，往往被視爲不具吸引力，以及被認爲與具有一些負面的特質有關。

Susan Bordo（1993）試著探索這些年來苗條所附加的社會意義，他發現在十九世紀末，過度肥胖（包括男性與女性）會被認爲道德感低落，以及缺乏意志力等。這樣的觀念一直持續到1990年代，而90年代更是將一個人的身體外表當作對個人的判斷指標，如「苗條的人」表示他具有自我控制能

力。而原先被視爲勞工象徵的肌肉男，現在轉而象徵著有力量、有活力以及掌控力高。在電影中，往往由有「結實身材」的人來扮演成功的角色。事實上大部分的人都不苗條，大多是中廣身材或微胖身材，所以這些人開始有警覺性了（努力地運動與節食），希望能夠擁有標準身材。Bordo認爲目前把「苗條」視爲理想體型，關鍵因素是因爲它代表『自己可以「掌控」自己的身體』：

> 在這裡所謂的理想身材，所代表的是非常緊密、控制適宜、結實的。
>
> （Bordo, 1993：190）

因此，女性的理想體型是纖瘦，男性的理想體型則是結實的肌肉；這兩種理想身材皆要求把「多餘的肥肉」根除，強調嚴格的控制。

一個人如果沒有達到理想體型，那應他可能終生都會受到歧視的眼光。Thomas Cash（1990）發現體重過重的人，從小就遭受不同的待遇；小朋友多半不喜歡跟小胖子一起玩，並且會嘲弄這些胖小孩。這樣的歧視並不只出現在孩童間，直到成人，胖子還是會被認爲比瘦子笨、比瘦子被動沒活力，甚至會認爲瘦子比較認眞工作而且比較有成就。在美國社會中，胖子申請學校比較不容易被「好」學校接受，比較不容易找到工作，甚至不容易借到錢。

對於這樣的問題，Marila Tiggemann以及Esther Rothblum（1988）進行了一項有趣的心理學研究，他們邀請了美國以

及澳洲的大學生，請他們談談對胖子以及瘦子的看法；結果發現兩個文化下的男女皆對胖子有負面的刻板印象。雖然胖子看起來比較友善也給人溫暖的感覺，與傳統的刻板映象相符；但是在這個研究中發現，大家還是認為胖子比較不快樂、比較驕縱、比較沒自信也比較懶惰沒紀律，當然也比瘦子較沒吸引力；這樣的問題在胖女人身上更加凸顯。透過對大學生的研究結果，更加確定了大家對胖子的負面刻板印象（Tiggemann & Rothblum, 1988）。更有趣的是，不論是胖子或瘦子，對胖子都有負面的刻板印象。

　　當Dion與他的同事（Dion et al, 1972：285）提出「美就是好」一詞後，自1970年代開始，姣好的外表（或帥氣）與正向人格特質連結，即成為一種趨勢。他們認為大眾傾向於把那些外表討好的人，視為個性好、生活也較好的人。Alice Eagley與他的同儕（1991）回顧相關的文獻後認為，這樣的刻板印象與人們的社交能力有重要關係。有關對胖子外型的刻板映象（胖的人往往有一些不好的特質），往往讓胖子在西方社會中受到排擠。

　　由相關的資料來看，歸因情結似乎影響著我們對於胖子的反應。如果我們將過重歸因為個人的控制力問題，那麼胖子就很容易遭受到污名化。Christian Crandall與Rebecca Martinez（1996）比較了美國和墨西哥學生對於胖子的態度。這個研究會選美國學生主要原因在於，美國是個人主義最強的國家（Hofstede, 1980）。在美國的文化中，強調獨立與為自己負責。反之，Hofstede對53個國家進行個人主義分

析時，墨西哥排行第30名；此外，該國的文化強調相互依賴，並且認為外在環境與文化會影響個人的行為。所以，在這樣的文化下，應該比較不會對胖子污名化。在Christian Crandal的研究中，結果與原先的假說相同，墨西哥學生比較少反肥胖的態度，並且較不會認為變胖是個人的責任。相對的，美國學生會認為胖子主要是因為意志力不夠，並且認為變胖是個人的問題。由這樣的結果可以發現，反肥胖的態度是西方文化個人主義的一部份，認為肥胖是個人的責任。

Crandall以及Martinez的研究說明了，對於肥胖的歧視主要來自於文化，並且導因於對於肥胖的責任歸屬。在西方的意識型態中，肥胖正好違反了要求自我克制和控制的理想狀態。雖然目前已經有相當多的證據指出，肥胖部分與基因有關（Stunkard et al, 見附錄），但是大眾還是將肥胖問題歸咎於個體（這正好符合自我負責的意識型態）。這樣一來，也就造就了一種歧視——歧視那些不努力維持良好身材的人。

理想體型的基礎

最近針對西方文化為何會偏好苗條纖瘦的體型有一些爭論。生物學家以及部分的心理學家認為，體型的偏好乃出自生物本性；他們認為此一理想體型是基於，苗條的人比胖的人還要健康。但是，有些學者發現體型的偏好，會因文化差異以及時間的演進而有不同，所以認為生物因素所扮演的角色可能沒有那麼重要；並且認為體型的偏好是學習而來的。

以下，將分別針對這兩大觀點進行討論。

體重與健康

以生物學的角度來看，他們會強調苗條與健康的關係（過重往往與不健康有關）。而事實上，瘦眞的代表健康嗎？在二十世紀初，在英國與美國都認爲瘦的人看起來就是病奄奄；主要是因爲肺結核的病人都枯瘦如骨（Bennett & Gurin, 1982）。在不久的未來，過瘦的人將會與愛滋病（AIDS）連結在一起。我們可以發現，在非洲的一些國家，愛滋病患者呈現的樣子就是枯瘦如柴的面貌。在西方工業社會中，將纖瘦視爲罹患疾病的文化，可能在廿十一世紀才會明顯顯現；目前，對於纖瘦體型尚未在貧窮國家才有的負面刻板印象。因此，一般仍相信肥胖不健康，纖瘦才代表健康。

爲了探討過重所導致的健康問題，我們應把過重分成輕度到中度的過重以及肥胖。肥胖幾乎可以確定是有害人體，它常跟心臟血管疾病、高血壓以及糖尿病有關（Brownell & Rodin, 1994; Taylor, 1995）。Kelly Brownell以及Judith Rodin（1994）認爲：

> 肥胖是致病率以及死亡率的主要原因（這裡指的是肥胖是很多疾病以及死亡的主因）。只有排除大量鐵證如山的文獻，或許才能說過度肥胖與罹患疾病的高度風險沒有關係。
>
> （Brownell & Rodin, 1994：783）

　　然而，關於體重過重到什麼程度其致病風險才會增加，仍有相當大的爭議。一般估計，體重超過理想體重的5%到20%－30%，致病的風險就會增加（Brownell & Rodin, 1994）。

　　許多學者認爲過重並沒有顯著的致病風險，但是肥胖卻跟疾病有關；但是超重多少才算肥胖呢？目前並無一致的標準。雖然肥胖應該會有明確的醫學定義，但是隨著測量工具與測量年代的不同，所得到的結果也不同。例如，在1960年代的標準可能就與現在不同，在當時被歸類爲肥胖的人，可能以現在的標準來看是正常（主要是因爲平均體重持續增加中）（Brownell & Wadden, 1992）。

　　在英國最常用的指標是「身體質量指數」（BMI-Body Mass Index），算法是體重除以身高的平方（在這裡體重的單位是公斤，身高的單位是公尺），正常範圍值爲20到25之間。若你算出來的數值在25到30之間，那你就是過重了，超過30則爲肥胖（British Heart Foundation,1994）（譯者註：台灣的標準值見表2.1）。以身體質量指數來看肥胖問題的優點是，它還參照了個體的身高，而非單純以體重來看。然而，我們必須假設成年人在其往後的生涯中體重不應該增加，它才會有用。對成年人來說，體重隨著年齡適度的增加是健康的（Andres et al, 1993）。因此，當我們在評斷老年人是否肥胖時，要非常謹慎。

　　在美國，還是有很多人以體重來評估體型的大小（小、中、大）。以自己的體重與標準體重相比，當體重比理想體

重還要多20％以上時，通常視為肥胖。不同程度的肥胖有時可以劃分為：大於理想體重21％到30％為輕度肥胖、大於理想體重31％到50％則稱為中度肥胖、大於理想體重51％到75％為重度肥胖以及大於理想體重76％到100％則稱為嚴重肥胖、若大於理想體重101％以上則稱為病態性肥胖（Hanna et al, 1981）。標準體重可見表2.1（來源：美國大都會生活公司）

關於所謂的「標準（理想）」體重也是備受爭議，因為表2.1最早的常模取自於1959年的中產階級的白人以及有北歐血統的人（Bennett & Gurin, 1982）。這樣的常模適用於其他民族的個體嗎？另外，這個常模假設個體在25歲以後體型是

表2.1 成人的身高與體重

男性			女性		
身高	標準體重	過重*	身高	標準體重	過重*
155	59.4	71.2	144		
157	60.3	72.6	147	50.8	60.8
160	61.2	73.5	151	51.7	62.1
162	62.6	74.8	155	53.1	63.5
165	63.5	76.2	157	54.0	64.9
168	64.9	78.0	160	55.3	66.2
170	66.2	79.3	162	56.7	68.0
173	67.6	81.2	165	58.1	70.0
175	68.9	82.6	168	59.4	71.2
178	70.3	84.4	170	60.8	73.0
182	72.1	86.2	173	62.1	74.4
185	73.5	88.0	175	63.5	76.2
188	77.1	90.3	178	64.9	78.0
190	78.9	92.1	182	66.2	81.2

單位：身高為公分 體重為公斤，因為原文為英制單位，所以在轉換中取小數第一位推估
資料來源：Adapted from Taylor (1995), with permission.
* 表示比標準體重多20％。

男性與女性之BMI分類（台灣的情形）

	消瘦	過輕	正常	過重	肥胖
男性	小於或等於15.8	15.9-16.7	16.8-23.1	23.2-26.7	大於26.7
女性	小於或等於15.8	16.9-16.7	16.8-22.5	22.6-25.5	大於25.5

引自林宜親與林薇之研究報告（2000）

不會改變的，而且僅簡單說明個人體型如何分類。在1979年，理想體重的常模進行修正，可以發現理想體重比1959年時多了10磅。這樣的變化可以說明，過去被判斷為肥胖的人，可能到了現在則不會被當成「肥胖」；也說明分類標準，是有文化變異性。

目前還有一種測量肥胖的方法就是體脂肪測量，而非一般體重。皮下脂肪厚度的測量，可以把儀器用於身體不同部位來量測其皮下脂肪的厚度。這樣我們就可以直接知道各部為的體脂肪數。但基本假設是，個體不會因為年紀增長而增加體脂肪細胞。這代表目前的常模並不適用於老年人（因為其資料源於年輕人）。除了年齡的問題以外，性別也是一個因素，一般而言女性的體脂肪就比男性多。從小女性的體脂肪就比男性多，且隨著年齡的增長而逐漸增加。在55到59歲的女性，她們的體脂肪比男性多42%（三角肌）到79%（皮下組織）（Greil, 1990）。由於女性的體脂肪分佈會隨著年齡的增長而逐漸增加，所以當我們採用年輕女性的常模，來判斷年老女性的肥胖問題時，其結果可能會過於誇大。除了常模的問題以外，體脂肪測量的信度也偏低（不同的測量者因採樣不同，估計也就不同），並且耗時耗力，另外也讓人感

到不舒服（Rothblum, 1990）。因為此一測量工具目前尚有一些缺點，所以大部分的研究者還是採用身體質量指數或者是表2.1，來判定個體是否為「肥胖」。

　　除了肥胖的定義，以及推斷哪個程度的過重代表有健康危機之外，在此一領域的研究設計也出現嚴重的缺點。由於研究依賴相關分析的資料，因此要評價研究的結果是有困難的。大部分的研究，以不同體重的個體為樣本（大多是男性），然後進一步地探討死亡率以及相關的健康問題。很明顯地，這樣的研究很容易受到其他干擾變項的干擾，例如肥胖者嚴格節食的頻率，其情形本身就會影響到健康，也因而影響到體重與健康的關係（Rothblum, 1990）。除此之外，體脂肪的分佈，也影響著過重與健康問題的關係（Taylor, 1995）。

　　雖然對於肥胖的定義不同，而測量方法各有其限制，所以關於過重與健康問題間的關係還不明確，但是大多數的研究人員都認為，身體質量指數大於30者（或者大於等於理想體重20%者），其心臟病、高血壓以及糖尿病的致病率與致死率都會增加（Brownell & Rodin, 1994）。在英國的調查發現，達到此一肥胖標準之盛行率，男性為13%、女性為15%（Department of Health, 1993）。在1980年代肥胖的男性為6%、女性為8%，由此來看肥胖的人有明顯的增加趨勢。在美國，達到此一肥胖標準之盛行率較英國高，男性至少有14%，女性為24%（Taylor, 1995）。

　　雖然我們都相信肥胖容易有健康問題，但是關於身體質

量指數在25－30之間者，他們是否為健康的危險群呢？這個問題還在爭論當中。有些研究人員發現，中度過重並沒有顯著的健康危機，甚至有時還對健康有益。英國的營養學家Tom Sanders認為，輕微的過重對健康有益，特別是女性。他認為胖子在運動時心臟運作會比一般人辛苦，所以這也是胖子為何比瘦子容易心臟病發作。但是我們卻可以發現豐腴的女性與瘦的女性相較之下，較不會面臨提早停經、心臟疾病、以及骨質疏鬆等問題。因為社會文化對於肥胖的歧視相當強烈，所以一直忽略了微胖對於健康可能的好處（Sanders & Bazelgette, 1994）。Esther Rothblum（1990）也認為並無決定性的證據可以說明，適度過重對健康有害或無害。她認為醫學上對於過重的關注，是基於大家對於過重的歧視，而非真的有健康上的危機。

關於過重與健康這個議題目前還在爭論中。目前大部分粗略的解釋是基於，嚴重超重者所具有的健康危機，但適度過重（BMI＝25－30）或許只有些微健康危機，甚至對健康是有益處的，特別是婦女。相對來說，只有少數人的過重程度被認為會影響到健康。因此，關於瘦子比微胖的人健康這樣的觀念，並非源於醫學研究的支持。這也顯示趨向纖瘦的社會壓力，是來自於審美的偏好與對健康的關注。

文化與體型的偏好

許多研究者認為，隨著文化的不同，對理想體型的偏好也就不同。對理想體型的研究中，我們可發現隨著時代的不

同、文化背景的不同，其理想體型也不同。在這裡，我們將
看看西方社會中，不同時代其流行體型的改變，以及不同文
化所偏好的體型。

歷史的趨勢：女性的體態

在西方社會，**趨**向纖瘦的壓力女性較男性大。對於女性
理想的身材（苗條），可說是一種歷史演進的產物。隨著西
方工商社會的演進，有關體形的吸引力以及健康的體態，似
乎隨著時間的演進而有改變（特別是針對女性）。我們可以
發現所謂的「理想體型」從中世紀（西元476－1453年）的
性感體態，轉變到現代雜誌上的苗條女性

在過去，**豐腴**的女性被認為是性感的象徵（例如中國的
唐朝，楊貴妃正是其中的代表）。在中世紀畫家認為「多產
的人」是理想的體型。當時認為吃得很撐，象徵著「多產」
（Fallon, 1990）。因此肥臀與豐胸，即象徵者女性的理想體型
（中國也常說屁股大的能生，胸部大的能養）。關於這樣的標
準體型，我們在十六世紀Ruben的畫作中可以窺見一二，
Rembrandt van Rijn所畫的「出浴圖」（Bathsheba）（1964）也
是當時典型的美女。（見圖片一）。

到了十八世紀，豐腴的女性依舊當道，以Courbet（1855）
所畫的「藝術家的工作室」（The artist's studio）為例（見圖
片二）。

當Manet（1963）所繪製的「奧林匹克」（Olympia）（他
的代表作）在1865年於巴黎的沙龍展示時，更能凸顯當時理

想的女性體型。在圖案中，那些斜躺的裸女只是一般體型。因為她們並沒有豐腴到所謂的性感，所以這張圖畫在當時被稱為是一幅淫亂的作品（Myers & Copplestone, 1985）。大約同一時期，相對於奧林匹克這幅畫，Renoir的畫作則是肥胖的裸體。他在1881年所畫的「沐浴」（Blonde bather）（見圖片三）中的女性，是健康的面容加上豐腴的體態。當時女性豐腴的理想體型，正好與新古典主義下結實的男性體態（Jacques-Louis David 為代表）相對。

0
2
0

有關苗條的趨勢是最近才出現的現象，此一潮流開啟於1920年代。在20世紀富饒的工商社會，將苗條當作一種美麗的象徵，很可能是流行產業行銷成功的產物（Gordon, 1990）。在1920年代以前，服飾廣告還是以圖畫來表示，但在工商社會以後，開始以照片在媒體雜誌中進行服飾廣告宣傳。這些時尚雜誌呈現著女性應有的模樣。因為每個模特兒要符合某種特別的類型，所以流行時尚本身就會篩選出適合的女性模樣（Orbach, 1993）。第一次世界大戰給當代的流行時尚很大的打擊，當時哪些像男孩身材的人，穿著細腰的服裝看起來非常好看（見圖片四）。

在這個時期，中上階層的女性開始束胸，希望自己的身材看起來很纖瘦、很有骨感（Caldwell, 1981）。她們靠節食、運動讓自己的身材看起來像發育前那樣—平胸、纖瘦（Silverstein et al., 1986）。當時的美國小姐的平均三圍是32-25-35。

在1930到1940年代，標準身材轉向勻稱的體型，其中的

代表人物有1930年代的Jean Harlow、Mae West，以及1940年代的Jane Russell。關於美國小姐的標準身材，在1930年代美國小姐的三圍是34吋－25吋－35吋（與過去相比胸圍增加了兩吋）；1940年代為35吋－25吋－35吋。由於許多服飾強調胸部的展現，使得胸部成了時尚關注的焦點。而Lana Turner以及Jane Russell即以「令人血脈賁張的女孩」聞名。

在1950年代，對於胸部的重視持續延續，尤其是當時好萊塢電影工業以及當時的工商業界偏好大波霸（大胸部、細腰以及細腿）。Marilyn Monroe為花花公子雜誌（Play boy）所拍的照片正好可為當時的代表（見圖片五）。在當時（1950年代）美國小姐的身材為36吋－23吋－36吋，由此看來胸圍很明顯地增加了，而腰圍則減少了。

在1950年代，除了對於胸部的注意以外，當時也相當注意身材的纖細。Grace Kelly以及Audrey Hepburn都是纖瘦的人（不是豐腴的人），而她們在戲劇中都扮演著象徵有氣質的女性（而不是性感美女）。她們逐漸成為一些年輕女性的楷模，而纖瘦的身材也成為上流社會的標準（Mazur, 1986）。到了1960年代，當名模Twiggy（見圖片六）變成當代女性的楷模時，纖瘦（苗條）更是蔚為潮流。她的胸部平坦，像男孩的身材並且體重只有96磅（Freedman, 1986）。

纖瘦（苗條）開始變成自由、不受拘束、年輕的象徵，甚至在英國被認為是一種麻雀變鳳凰的基本要件，所以這樣的標準身材也漸漸被各階層所接納（Orbach, 1993）。在當時，美國小姐也比過去的冠軍來得又瘦又高，與過去比較

1969年的美國小姐平均比過去高了一吋，也瘦了5磅（Mazur,1986）。這樣的**趨勢**，橫掃歐洲與美國。當我們研究60年代到80年代媒體上的女性照片時，可以發現這些模特兒有越來越瘦的**趨勢**。我們可以發現在時尚雜誌（Vogue）上的模特兒有漸瘦的**趨勢**，甚至在強調波霸的花花公子（Playboy）雜誌裡面，女郎也變得又瘦又高了，這些伴遊女郎也都是纖瘦的骨感美女（Fallon, 1990）。到了90年代，這種「苗條就是美」的標準更是主要的**趨勢**。在80年代，模特兒大多是苗條、輕巧且身材勻稱的模樣。且1982年的時代雜誌（Time）以Jane Fonda以及Victoria Principal為例，認為美女應該是苗條並且看起來要很健康。在當時的英國與美國，Jerry Hall正好是標準美女的象徵。在1990年代，也有一些人脫離了當時的標準，自成一格，例如Kate Moss（見圖片七）她的體型剛好與1960年代的Twiggy相似。目前稱霸90年代中期的三大名模（Cindy Crawford, Claudia Schiffer以及Christy Turlington）雖然是美女的表徵，但是雜誌有時還會選取像Kate Moss這樣瘦的模特兒來宣傳。

在90年代末期，是海洛因盛行的時刻，當時很多時尚雜誌選用很瘦的模特兒，讓她們看起來像海洛因使用者，帶著黑眼圈、藍嘴唇以及亂髮。時報週刊（newsweek）在1996年八月所刊登的文章，曾經有海洛因毒癮的模特兒Zoe Fleischauer，她跟記者說大環境會希望模特兒看起來很瘦弱：

目前流行時尚會選用那些看起來像毒蟲的模特兒。
他們認爲越瘦越能吸引大家的注意。

（Schoemer, 1996：51）

最近走紅的模特兒Emma Balfour當眾宣稱，目前主流的
時尚會希望旗下的模特兒能使用興奮劑以維持纖瘦的體態，
而忽略了是否會造成海洛因成癮（Frankel, 1998）；而且美
國總統Clinton也希望，藉由時尚攝影師Davide Sorrenti因海
洛因過量而死亡的新聞，能夠警惕目前的海洛因使用者。這
又是另一股對於纖瘦的迷戀，同時也因爲潛在的負面效果而
受到矚目。

男性體態的歷史趨勢

有關男性體態象徵的演變，也有一段相當有趣的發展
史。Myers以及Copplestone（1985）發現古希臘的雕刻家，
對於如何呈現眞實的人體相當有興趣，與眞實生活相似的裸
男雕刻也是從當時才開始出現的。當時的男性雕像較多以裸
體呈現，而女性大多是穿著寬大的長衫（himation）和長袍
（chiton）。並且在當時一般認爲男性的裸體會比女性身體還
具吸引力。在西元前七世紀，古希臘雕刻家所雕塑的Crete
（神話人物）是闊肩窄腰的倒三角形身材，也是當時男性所
追求的標準身材。在那時，男性的標準身材相當明確，所強
調的肌肉體態可由一些雕塑作品中來一窺一二。

理想中的男性體型，我們也可以在古羅馬帝國的藝術作
品上看到，當時羅馬人相當討厭肥胖，所以在他們畫作與雕

塑中的戰士身材都是勻稱且結實。在文藝復興時期，男性的肖像還是跟傳統希臘雕像一樣，以裸男爲主。當時Sandro Botticelli（1474）的St Sebastian（見圖片八）、Michelangelo（1504）的The Battle of Cascina（見圖片九）以及Signorelli（1503）的Study of two nude figures（見圖片十）等肌肉明顯的裸男圖都是當時的代表作。

直至十八世紀中期，藝術作品大多以男性爲主題，當Courbrt開始採用性感的女性來畫作時，整個藝術界才開始從男性轉向女性。從十八世紀中期一直到1980年代，除了一些同志相關書籍會有男體的藝術作品外，男體的畫作還是相當少見。雖然裸女畫作在十八世紀開始當道，但在十八世紀末，當時男性一般不會將自己的裸體呈現於異性面前，所以Thomas Eakins以自己爲主題繪製了一系列的男體畫作（編號45－50號）。因爲他不是肌肉男的的體格，所以在那一系列的畫作所呈現的是一個成熟、肥胖的男體。

在二次世界大戰時，德國納粹開始建構所謂的標準體格（男性）。在1936年的奧林匹克運動會的宣傳照片中，Leni Riefenstahl模仿古典希臘運動員的姿態，來宣傳日耳曼民族的理想體魄。我們可以在1940年代歐洲的一些健美雜誌上看到這樣的理想體魄（肌肉明顯、努力地維持線條）（Ewing, 1995）。

到了1950年代，好萊塢的偶像明星開始成爲標準男體的代表。因爲電影多半以女性爲主要的觀眾，所以Rock Huson, Kirk Douglas以及James Dean這些男性也就當道了，而他們經

常半裸地在螢幕上呈現他們的肌肉（Meyer, 1991）。

　　直到1980年代，半裸帥哥或全裸肌肉男的照片或影像，才開始逐漸成為西方媒體的主流。在1980年代到1990年代，裸男寫真集也開始跟裸女寫真集一般地普及了。一些為同志拍攝的寫真集，例如Robert Mapplethorpe，也開始在一般市面上流行了（Pultz, 1995）。

　　除了一些裸男子雜誌，例如：女性專屬（For Women）以外，還有一些針對女性觀眾的猛男秀，例如The Chippendales以及The Dreamboys，也漸漸流行了；這種趨勢，完全打破的傳統的意識型態，女性不再只是被男性窺視的物品，而女性也開始能夠自主地觀賞男性。這使得Arnold Schwarzenegger, Jean-Claude, Van Damme以及Dolph Lundgren（見圖片十一與圖片十四）等人成為大眾媒體眼中，最佳肌肉猛男的化身。

　　男體不再只是同性戀的專利，成為一種可以供大眾欣賞的藝術，所以一些廣告商業目前也樂於以裸男作為廣告訴求，例如一些飲料廣告以及冰品廣告。Lisa O'Kelly（1994）認為同志文化將男性裸體浮上枱面，並且也漸漸成為主流，也打破了男性與女性之性認同的界線，並且更能接受男性的影像：

　　　　過去廣告商會擔心，他們如果用男體當作廣告訴求，可能會讓商品跟同性戀連結。但現在，甚至連Mark以及Spencer在進行商品廣告時，也以裸男來訴求（襪子

廣告）。一些女性主流雜誌（美麗佳人）也開始採用一些男性為主的文章與圖像。

（O'Kelly, 1994：32）

雖然纖瘦的男性開始嶄露頭角（例如Kate Moss的弟弟Nick），但是肌肉男還是廣告商的最愛。Greg Buckle（風暴男模特兒經紀公司的經紀人，也是Kate Moss 的經紀人）說明新男性形象是：

減重後瘦下來的人，將是未來的趨勢。

（O'Kelly, 1994：32）

Peter Baker（1994）認為媒體中突增的男體廣告，是因為這當中隱涵著相當大的商機。化妝品公司最近才開始瞭解男性化妝品與男性消費者間的差距，因此需要說服男性去購買。

他們試圖說服男性使用古龍水會使他們增加男子氣概，而不是一種臉部美容品。並且是可以用於全身的物品。

（Baker, 1994：132）

Baker認為，如果以理想化身材的男性當作模特兒，可能會引發男性自我意象以及自我滿意度的問題。

大家開始特別關注男性的體型與體重的議題，也可以發現男體的圖像有突增的現象（Gordon, 1990）。很明顯地，社

會對於男性體型的壓迫沒有女性強烈，並且對於男性的要求在於成就而非外表（Chapkis, 198；Orbach, 1993）。然而，對於男性體型的興趣並未因此而減少。在社會逐漸要求男性應具肌肉、且體型結實勻稱的潮流下，可以預期未來男性也難逃社會文化對於體型的壓迫（Mishkind, 1986）。

體型偏好上的文化差異

只有少數的研究在曾探討非西方文化的身體意象。相關研究發現，不同文化對於胖瘦的詮釋也有不同。在一些貧窮的國家，他們會認為瘦是營養不良的象徵，也隱含著貧窮與疾病；而胖則表示健康、財富。在一些國家（例如拉丁美洲、波多黎各、印度、中國以及菲律賓）的研究中可以發現，體重越重也就越健康、越有財富（Rothblum, 1990）。因為肥胖的人表示能衣食無缺，所以自然也被當成財富的表徵。在許多國家中，由於高社經地位的人往往都較肥胖，所以胖也就成了高社經地位的指標（Sobal & Stunckard, 1989）。

有一些研究便直接探討個體移居到其他文化生活時的變化，例如住在偏好肥胖（熊熊）的國家中的胖子，如果移居至另一個偏好瘦子（猴猴）的國家中，他會有什麼樣的反應呢？結果顯示，當一個人從偏好胖子的文化中，移居到偏好瘦子的文化下，他對體型的偏好也會因而改變。在一個跨文化的研究（Furnham & Alibhai, 1983）中可發現，住在肯亞的亞洲女性與從肯亞移民到英國的女性，他們對於體重的偏

好有明顯的不同。住在肯亞的女性與移民到英國的女性相比較，前者對於較重的女性有較正向的評價。雖然這個研究並不能肯定說明轉移文化對於體型偏好的影響，但是Furnham以及Alibhai都認為，住在英國的女性活在歧視「過重」的環境下。

April Fallon以及他的同事（Fallon, 1990）訪問美國女性以及印度女性，評估自己目前的體型以及理想的體型。美國女性的理想體型明顯比她目前還瘦；而印度女性卻無差異。相對地，美國與印度男性都偏好比他目前還強壯的體型。很明顯地，住在印度的女性較不會偏好苗條的身材，並且對自己身材的滿意度比美國女性（在要求苗條的文化下）高。

在1970年代跨文化的研究中，Iwawaki與Lerner（1974）要求大學生看一些模特兒的照片。結果發現日本學生對瘦的身材比較有負面看法，而美國學生剛好相反，對胖的身材較反感。在當時，日本文化並未偏好苗條，但美國文化已經顯現對肥胖的歧視了。

關於體型的偏好除了東西方的差異以外，甚至在西方文化中，亦存在一些差異。Tiggemann以及Rothblum（1988）比較了澳洲以及美國學生對於身體的知覺。他們發現，美國學生對於身體的自我知覺較多，其節食的頻率也較多（與澳洲對照組相比），所以認為美國文化對於身體的自覺特別高。

很明顯地，對於苗條的偏好，會隨著文化國情的不同而異。較貧窮的國家偏好肥胖（瘦可能被標註成負面，如貧窮

或罹患疾病），而較富裕的國家則偏好苗條（瘦被認爲相當能自我控制、自我節制）。

節食企業（減肥事業）

在西方社會中，推動苗條最大的勢力是節食產業。減肥書、減肥課以及減肥餐都在市面盛行。當然大眾也瞭解過重超過某種程度是有礙健康的，但是參加減肥節食的人大多不是爲了健康，而是更好看。大約95％以上的女性都曾減過肥（Ogden, 1992）；在最近的調查（Horm & Anderson, 1993）中還發現有24％的男性以及40％的女性一直都在減肥；另外，至少有37％的男性以及52％的女性認爲自己過胖。

「節食」是一種見仁見智的事，每個人對他的定義不同。一般的概念就是減少卡路里的攝取，以達到減重的目的。對於減肥方法真的是琳瑯滿目，有劇烈減重方法（替代正餐之低卡路里飲料）和水果餐，還有較溫和的減肥方式（低脂加上運動），以及高纖低脂的食物。

Jane Ogden（1992）認爲節食產業是完美的產業，先創造出問題（身體意象不滿意），然後再提供解決方法（譯者註：減肥塑身計畫）：

> 他們創造了一個市場，讓女性覺得自己胖，因而繼續支持這個節食產業。

> （Ogden, 1992：48）

她（Jane）認爲節食往往只是心中的一種想法，想節食

減肥的人往往會設想該如何節食，以及計算食物中的卡路里；但實際上他們所食入的卡路里並沒有比沒節食減肥的人少。然而，有些節食的人卻使用較激烈的手段來減肥，例如抽煙（用吸煙來抑制食慾）、催吐、吃瀉藥，而非只是低卡路里飲料、減肥藥丸以及流行的減肥餐如全水果餐。這些所有的減肥方法除了沒有長期效果以外，最重要的是還會影響個人的健康狀態。她認為一個自認過胖的正常體重者，若減肥可能會影響到他的健康。

對於節食的長期效果目前尚在爭論中。支持節食的人士認為，節食長期來說的確可以減少體重，並可以減少因過重而帶來的健康問題。當我們要評估節食減肥效果時，必須區分為了達到理想體型而節食的正常體重者，以及為了更健康而節食的過重者。為了健康而減肥的個體需要更多的關注與關切，並且節食雖然對於過重者有效，但是對於正常體重者卻沒有助益。

研究資料顯示，最多只有25%的肥胖者，會因為節食而減輕體重（Brownell & Rodin, 1994）。這有助於我們了解，想要用節食來讓自己更美的正常體重者，他們的減肥效果為何。有研究發現，節食只對5%的非肥胖者有效果（Brownell & Rodin, 1994）。這表示其他95%的人，會認為節食減肥失敗。Nickie Charles以及Marion Kerr（1986）訪談了200個婦女，跟她們談論有關食物與減肥的經驗，結果發現她們大多失敗，並且會因這樣的失敗而有一些罪惡感，更加地對自己的外型甚至意志力感到失望。因為推銷節食減肥的業者一直

強調個人的意志力，所以不難想像，當你減肥失敗時，也會
對自己的意志力有所懷疑。

　　一些反對節食的人士認為，事實上節食也可能導致體重
的增加。在一些醫學以及心理學得研究中可以看到，成功的
節食以後，伴隨而來的是體重的增加。主要可能原因是，當
人們節食時，身體會認為個體可能陷入飢餓狀態，所以會開
始減低身體的新陳代謝速率，而更加有效率地利用體內的卡
路里。當人們停止節食時，身體就會傳出訊息要儲存多餘的
脂肪，以備下一次的飢餓。因為身體更有效率地儲存卡路
里，所以人就會開始變胖了。當然變胖後，又開始進行下一
次的節食，於是乎節食與增胖間的循環也就開始了。Kelly
Briwnell與他的同事將這個現象稱為「體重的循環」（weight
cycling）（Browne; et al, 1986），而大家也稱此為溜溜球節
食。體重循環，其新陳代謝速率減低，以及熱量的利用率增
加，將使得體重再增加。

　　另一些反對節食的人士也認為，節食帶給身體的傷害比
肥胖還要多。Esther Rothblum（1990）證實減重節食導致的
健康問題比過重者還要多。她認為減重節食者會在吃太多時
產生「節食高血壓」，使得血壓因而升高。我們可以在一些
研究上看到，減重節食者他們會有一些心臟血管的問題
Polivy & Herman, 1983）；且由流行病學的資料來看，肥胖
者若減重後，其死亡率會提升（Wilcosky et al, 1990）。但也
有對此抱持著相反態度的人士。例如，Wannamehtee以及
Shaper（1990）調查超過7000位英國男性發現，當個體減少

10%的體重時，他們因心臟疾病而死亡的機率會減低10%；對於肥胖者，他們的死亡率可以減低50%。

Kelly Brownell以及Judith Rodin（1994）針對減重與健康的相關資料進行整理。他們認為根據現有的資料，由於他們研究設計上的問題，因而無法確切地評估減重對健康的效果。大多數的研究都採用方便樣本，進行減重與為減重的資料分析。這樣的研究並不能排除一些跟疾病相關的因子，例如體脂肪分佈、節食史以及基本的疾病相關因素。對於這個問題，只有藉由隨機實驗設計來進行研究，才可避免干擾變項的干擾。Brownell以及Rodin也認為在統計分析上應用分層分析，依據不同體重（或不同的健康問題）來進行危害與獲利率分析，進一步地判斷節食到底對健康有利或有害。反對節食人士所提的論點，大多以體重在過重邊緣的人為依據。對於嚴重超重者，他們超重所帶來的健康問題則會比節食還要多。然而，對於原本就不胖而自認胖的個體，節食真的就會對健康有害了。

最近的文化趨勢

藉由反節食運動開始使大眾察覺到節食對於健康的影響，使得節食產業受到很大的衝擊。一些公益團體，如英國的「節食終結者」（Diet Breakers），即幫助大眾瞭解節食對身體的傷害，以及健康飲食的重要性。他們在假日播放影片來嘲諷一些節食廣告，例如：「兩週後有個全新的你」（A New You In Two Weeks），並且在女性雜誌與平面媒體說明節

食對健康的危害（結束你的節食活動，Daily Mail, 1992五月；節食成癮：你的十項計畫，Options, 1993年一月）。

在1990年代晚期，苗條還是當道。現在的模特兒還是跟80年代一樣苗條。然而，這些追求苗條的文章開始被運動減肥的相關文章所取代了（例如四周建構你美好的身材，New Woman, 1995 七月）。雖然運動減肥取代了節食減肥，但是我們還是可以感受到文化對於體重與身材的期許。超重還是跟缺乏意志力以及懶惰連在一起，而這樣的關連在90年代末期從節食失敗轉到缺乏運動。這樣的風氣對正常體重者藉由運動維持健康的生活，或許是一個正向的動力。雖然運動不能如大家所想像地快速消耗卡路里（Bray, 1986），但是對於維持肌肉強度、增加體能與愉快感有良好的效果（Furnham et al, 994）；並且密集的運動對於心臟血管的健康有相當的助益（Cox et al, 1993）。然而，運動對於體重過重的人卻是一種遙不可及的事，主要也可能是文化對於胖子從事運動的歧視（Bovey, 1989）。因此，對於那些「自覺」胖的人而言，運動有很好的助益，但是對於真正肥胖的人則獲益不多。

摘要

◆ 西方社會期盼男性與女性皆有苗條的身材；對於女性會期盼她們纖瘦，對於男性則是勻稱、具肌肉。

◆ 對於文化所建構的理想體型，不同理論學派間並無一致

的解答。心理學家採用生物學說來探討苗條與健康的關係。然而有研究顯示，略胖有益於女性的健康，過瘦則有礙健康。

◆ 社會心理學家強調文化決定了標準身材的標準，最近幾年更是強調修長的身材（不論男性或女性）。.

◆ 僅管節食可能會導致健康問題，且對於減重並無長期效果，節食產業依舊提倡「瘦」的理想體型。

◆ 反節食團體積極地推動，說明節食對身體的傷害，並且試圖減少節食產業的影響力。

◆ 到了最近90年代末期，西方社會還是以瘦當作標準體型，雖然運動已取代了節食，但瘦的迷思依舊存在。

圖片一　Rembrandt van Rijn, 浴室（1654）
來源：Musée du Louvre © Photo RMN, Jean Schormans

圖片二　Gustave Courbet, 畫室（1855）
來源：Paris, Musée d'Orsay © Photo RMN, Hervé Lewandowski

圖片三　Auguste Renoir, 出浴圖（1881）
來源：© Sterling and Francine Clark Art Institute, Williamstown, Massachusetts, USA

圖片四　Flapper fashion, 流行服飾
來源：Mary Evans Picture Library

圖片五 Marilyn Monroe
來源：United Artists (courtesy Kobal)

圖片六　Twiggy
來源：© King Collection (courtesy Retna Pictures Ltd)

圖片七　Kate Moss
來源：© Robert Fairer (courtesy Retna Pictures Ltd)

圖片八　Sandro Botticelli, St Sebastian（1474）
來源：Gemäldegalerie, Staatliche Museen zu Berlin, Preussischer Kulturbesitz

圖片九　Michelangelo, The Nattle of Cascina（1504）
來源：© British Museum

0
4
4

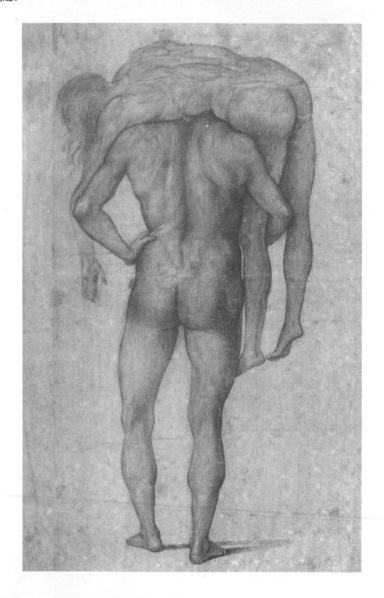

圖片十　Luca Signorelli, 兩個裸體（1503）
來源：Musée du Louvre © Photo RMN, Michéle Bellot

圖片十一 Dolph Lundgren
來源:Courtesy Kobal

圖片十二　Jean-Auguste-Dominique Ingres, The Turkish Bath（1863）
來源：Musée du Louvre © Photo RMN, Gérard Blot

圖片十三 Claudia Schiffer
來源：© Robert Fairer (courtesy Retna Pictures Ltd)

圖片十四　Arnold Schwarzenegger
來源：White Mountain Prods (courtesy Kobal)

第三章　女性與身體滿意度

　　在西方文化中，苗條的身材為女性所喜好，它與自我控制力、高雅、有吸引力、年輕等正向特質有關（Orbach, 1993）。理想的女性身材的典型，為纖瘦、苗條，但有大胸部，例如Elle MacPherson, Helena Christensen以及Claudia Schiffer。在第二章已經討論過，本世紀女性理想身材的演變。儘管女性理想的身材一直改變，但是也一直是受到重視的議題。女性總是被鼓勵改變自己的身材，以合乎時代潮流。在這個時代裡，女性追求理想體型時，也承受了一些痛苦。女性追求時髦是一種辛苦的過程，如要飲食控制、要穿著緊身貼身的衣物。在90年代的西方社會，採用飲食控制（在這個過程中，會使人感到很虛弱）與美容手術（在這個過程中，則相當辛苦，還要挨刀），以達到理想體型。

　　在這一章，我們收集了英國、美國以及澳洲的資料，希望藉由這些資料來探討在這些文化下，女性對自己身體不滿意的情形。本章的第一部分，研究者使用不同的方法來探討身體滿意度，結果發現西方女性普遍對自己的體重與體型不滿。我們將討論這些不同的方法，以及如何探索個體對自己體型的滿意程度，並且幫助我們瞭解女性如何看待她們的身體。這一章的第二部分，將探討心理學家以及社會學家，如

何看待女性不滿意自己的體型與體重。

身體滿意度的評量

　　心理學家與社會學家，使用不同的評量方法來評估身體的滿意程度。許多方法源自於，對於有飲食問題的女性所做的體型滿意度評估。在本章，我們將探索正常女性的身體意象，而非已經罹患異常飲食行為者（如心因性（神經性）厭食症或暴食症）的身體意象。關於暴食症與厭食症的議題，請參考第七章，其中有Susie Orbach對於異常飲食行為與身體意象的完整回顧（Orbach, 1993）。在這章所討論到的研究都是一般女性的身體意象，而不會討論與飲食問題相關的專業問題。所以，我們會看到大多數女性的觀點，而非一些特例。然而，這並不代表這些女性沒有任何與身體有關的困擾或問題。我們可以發現，女性對於自身體重與體型的關注程度，就是一個大問題了。

身體輪廓之研究

　　身體輪廓之研究，是國外最常用來直接評估個體對於自己體型滿意程度的量化方法之一。我們將光影（可胖可瘦）投射到螢幕上，然後請受測者將螢幕上的光影調整到自己所期待的體型。真實外型跟調整出來的外型間的差異，正好可以表示個體對於自己體型的（不）滿意程度。

　　由使用此一方法的研究資料來看，女性偏愛比目前瘦的

身材。在美國、澳洲以及英國都有相似的研究結果。在早期的研究中，April Fallon以及Paul Rozin（1985）採用Stunckard（1983）編的量表，訪問227位在Pennsylvania大學修心理學的女同學，請他們分別指出她們心中理想體型、目前的體型以及認為哪種體型最吸引男性（圖3.1）。整體而言，參與研究的女性多半選較胖的圖案來表示自己目前的體型；會選較瘦的圖案來代表理想或男性欣賞的體型。Fallom以及Rozin認為基於這種看法，使得女性想減重。

　　Sue Lamb跟她的同事（1993），採用與Fallon以及Rozin的研究方法，以目前的我、理想的我、吸引男性的體型，針對34位修心理學課程的大學生（平均20歲左右），42位學校老師或將退休的婦女（平均47歲左右），來探討她們的身體意象。結果發現年紀大的女性認為自己變得較胖。不論是年輕女性或年長女性，他們心中的理想體型都是較瘦的；而且年輕的女性更加偏好瘦。另外，她們皆認為男性欣賞較苗條的身材。其中，還有一件更有趣的事就是，年輕女性未如預

圖3.1　女性身體輪廓評估量表
來源：Adapted from Stunckard *et al.*, 1983, with permission.

期般地對自己身材不滿意。反而是40-60歲體重正常的女性，期盼自己能瘦一點。

只有美國女性才對自己的身材不滿意嗎？最近，在澳洲也有相關的研究發現，Marika Tiggemann以及Barbara Pennington（1990）採用Stunckard所用的體型圖進行問卷調查，請受試者找出符合自己目前體型、理想體型以及男性欣賞的體型，研究發現接受調查的52位大專女性（平均23歲），她們所選出來的目前體型明顯地比理想體型以及男性欣賞的體型大。這個結果顯示，不只是美國女性對於自我體型知覺與理想體型間有差距，其他的國家亦有相似的發現。

Gail Huon與他的同事（1990）更近一步地用不同體型的女性照片，由瘦到胖，取代身體輪廓的圖案進行研究。他們要求40位年輕婦女選取能代表她們「目前體型」的照片，然後選取代表「理想體型」、「男性欣賞」的體型以及「女性偏愛」的體型之照片。除此之外，他們還請受試者依據五個七點量表（美—醜，喜歡—不喜歡，控制—無法控制，有活力—懶惰，成功—失敗）對選取的照片進行評分。結果發現，那些被選為理想體型的照片，明顯地比目前體型的照片瘦。而理想體型與目前體型的差距，也反映了大家對於理想體型的偏愛。其中有趣的一點是，「女性偏好」的體型竟比「男性欣賞」的體型還要瘦。Huon認為女性對於瘦的偏好，可能來自於女性本身對於體型的偏好，而非主觀認為男性對於體型的愛好。但是，研究也發現男性欣賞的體型也比自認理想的體型還要瘦，所以在探討社會對於體型的壓力也要注

意對男性的影響。

　　在英國的研究也發現，女性同樣希望比目前還要瘦的體型。Jane Wardle與他的研究同儕（1993）利用Stunckard所畫的身體輪廓量表，調查了274白人與亞洲女性的體型滿意度。在研究中，請參與者指出代表目前體型的圖案，以及自己期待的體型與男性欣賞與女性偏好的體型。結果與過去相似，體型大小的排列為「目前體型」＞「女性偏好與男性欣賞的體型」＞「理想體型」。結果顯現，這些年輕的英國女性認為自己稍胖且希望能夠減重。

　　由以上研究可以發現，女性偏好比自己瘦的身材，顯示她們自覺自己的體型比理想中的自己胖。

問卷法

　　自陳問卷，也是常用來評估女性對自己身體滿意（不滿意）程度的方法。這個方法可以提供量化的指標，來反映個人對自己身體的滿意度。大部份的量表是，請受試者由有關自己身體各部位或全身的描述，來自行評估其滿意狀況。

　　關於體型滿意的測量，是由Secord以及Jourard（1950）所發展，他們在1950年編製了身體關注量表（Body Cathexis Scale）。這個量表最早用來評估個體對於自身身體的數個部位之滿意程度，是目前仍被廣泛使用的量表之一。在這個問卷中，受試者評估身體不同部位的滿意度，將所有的分數加在一起，就是身體滿意度指標。Secord與Jourard認為身體滿意度與一般的自尊有關，也就是說身體滿意度越高的人，他

們的自尊也較高。在其他女性、男性以及小孩身上的研究中，都可以看到這樣的現象（Ben-Tovim與Walker的文獻回顧，1991）。最近有一些研究者將這個問卷修訂，刪除一些品質不佳的題目，如身高、腳踝、小腿以及頸部長度。並加入其他身體部位，例如，Adrian Furnham以及Nicola Greaves（1994）加入了嘴唇、耳朵、二頭肌、下巴、臀部、手臂、眼睛、臉頰、腿、腹部、體毛以及臉。Adrian（1994）等人請55位18-35歲的英國女性填寫新編問卷，請她們用10點尺度（1相當不滿意──10相當滿意）來評估她們對不同部位的滿意程度；並與47位同年齡範圍的男性進行比較。結果發現女性與男性相較，她們對於身體每個部位較不滿意，特別是大腿、屁股以及腰。由此看來，女性對於自己的下半身相當不滿意，我們可以發現一些研究的結果與此呼應。

在身體與自我關係問卷（Body-Self Relations Questionnaire）中的身體部位滿意度量表（Body Areas Satisfaction Scale）（Cash et al, 1986），是用來評估個體對於身體各部位之不滿意狀況。Cash（1986）等人利用此量表調查〈今日心理學〉（Psychology Today）的讀者，結果55%的女性對自己的體重不滿意，45%對自己的肌肉線條不滿意，32%對於上半身不滿意，57%對於軀幹中間部位感到不滿意，50%對於下半身不滿意，以及38%對於外表不滿意。由上面的資料可發現，大多數的女性對於自己的軀幹以及下半身不滿意。由此，再度突顯女性相當在意自己的腰以及下半身等容易囤積脂肪的部位。

我們可知女性對於自己下半身比較不滿，所以有些研究者將Secord&Journal的身體滿意度評量著重在下半身，以做更精細的評估。除了以上的量表以外，David Garner與他的同事（1983）發展了異常飲食行為題組（Eating Disorders Inventory），主要用來探討具有飲食相關問題者的身體意象以及飲食問題。其中一個子量表為體型不滿意量表（Body Dissatisfaction Scale），這個量表包含一系列的題目有關個體對於下半身的滿意狀況，並包含了對整體體型的滿意度測量。結果發現，至少有50%的女性在該量表反映出對自己身體的不滿意（Garner, Olmstead & Polivy, 1983）。

Cooper（1987）所發展之體型問卷（Body Shape Questionnaire），主要用來評估異常飲食行為女性的身體意象。此問卷有34題，包含關注體型的前因與後果，並且探索個體近一個月來對體型的感覺，以及對於體型的「不滿意」程度。題目有「你會因你的外型而感到困窘嗎？」，「你是否會特別注意自己身體上的某些部位，擔心又胖了一些呢？」等題目。Evan與Dolan（1992）更進一步地將該問卷簡化，形成16題與8題兩個版本，除了施測容易完成外，也保持不錯的信效度。有研究者採用Cooper（1987）最先發展的問卷進行身體滿意度調查，結果發現17%未有異常飲食行為記錄的一般婦女非常在意自己的體型，顯示一般婦女跟具有異常飲食行為之婦女，皆非常在意自己的體型。

身體態度量表（Body Attitude Questionnaire）（Ben-Tovim & Walker, 1991）包含了六個向度的身體感覺經驗：胖

的感覺、自我貶抑、力量、體重明顯度、吸引力、以及對降低體脂肪的知覺。這個量表與Cooper（1987）所編的量表不同，可從不同分量表的得分以及整體的層面，來看女性對於自身身體之態度。量表內的題目，如「我擔心自己的大腿與下半身看起來很笨重」，「我都會避免穿太貼身的衣服，以免突顯出自己的缺點」。他們的研究發現，擔心變胖，特別是下半身的肥胖，可能是女性身體意象的核心問題。除此之外，在所研究的504位澳州女性中，有相當大的比率對自己的身材抱持著貶抑的態度（她們所認同的問題，如：「我這個樣子毀了我的幸福人生」、「我不希望別人看到我的身材」）。

由問卷研究中可以發現，許多女性對於自己的身材相當不滿意，特別是下半身（如：腰、臀部、大腿）。這個研究除了可以支持身體輪廓的研究結果，也可以更詳細地探討個體對於身體不同部位的關注程度。有關身體輪廓法的缺點是，要求受試者一定要選擇一個體型來代表自己。而問卷法可以更精確地評估自己對不同部位的滿意程度。由這些研究中發現，大部分的女性對於上半身大多是滿意的，但是對於下半身則是普遍不滿。

訪談法

對於了解女性對於自身身體的感受與看法，除了以上的身體輪廓法以及問卷法以外，半結構或開放式晤談也是一種方式。在進行晤談時，訪員通常以非正式的方式與受訪者談

論有關身體滿意或不滿意的經驗，一般都是列出一系列的主
題與受訪者進行討論。這個方法的優點是，受訪者可以依據
自己的方式來表達自己的想法與感受（而非問卷法中根據既
定的問題來回答）。此種方法較問卷方式有彈性，受訪者可
自由表達自己認爲重要的訊息。

　　Nickie Charles與Marion Kerr（1986）即採用半結構式訪
談，在一個對飲食行爲的研究中，訪談了200位英國女性，
探討他們對於節食的態度與經驗，以及對於目前體重的滿意
程度。結果顯示大部分的人對自己的身材感到不滿意。在接
受訪談的200位女性中，只有23位沒有節食過，卻有177位對
於自己的體重不滿意，而且有153位曾經努力地節食。當討
論到自己的身體意象時，大多不滿意自己目前的狀況。
Charles 與 Kerr認爲：

　　　我們可以發現大多數的女性對自己的身材感到不滿
　意，不只是那些正在節食或想要節食的女性才會如此，
　這是一種普遍的現象。

（Charles與Kerr, 1986：541）

　　那些接受Charles與Kerr訪談的女性們，在她們心中似乎
有一種想法，反映著別人如何看待她們的外表。有一些人存
在著一種念頭，反映著當她還是少女時，別人是如何看她
的。對於大部份的人而言，她們都希望時光能夠暫停，可以
回到少女時期。因此大部份的人，還未能完全接納自己目前
的身體。她們對身體不滿意的部分大多是，胸部太小（或太

大）、腿太粗（或太細）、腹部太突出以及臀部太大（或太小）。雖然不是每個女性都覺得自己胖，但大多數的女性都覺得自己有些肥。雖然較瘦與健康有關，但是女性節食的主要原因不是因為健康的問題，而是美觀的問題。其中，有一個女性是因為過胖（可能影響到健康）而減肥，但是她的最終目標還是希望自己能夠更美。

在Charles與Kerr的訪談資料中可以發現，大多數的成年女性對自己的身材感到不滿意，而她們認為能改變身材的主要方法是節食。她們並且認為，對自己身材感到不滿意也與女性在社會中位居劣勢有關。因為女性在社會中的地位較低，所以她們也想經由掌控自己的身材來感受到掌控權：

> 女性試著減重以及改善身材，以達到所謂的理想身材（由文化所界定的美）。女性在這個社會中經常是沒有權力的，身體是她們自己所能掌控的一項主體，所以在控制身材的同時也讓她們重新擁有了權力以及自己的重要感。

(Charles & Kerr, 1986：570-571)

Manchester Metropolitan 大學對50位女性進行一系列的半結構式問卷訪談，受試者年齡由16歲到63歲。研究訪談這些女性對自己身材與體重的感受，以及節食與運動的經驗。結果發現這些不同年齡層的女性，多半對自己的身材不滿意。在該研究中，大部份的訪談工作由Penny Cortvriend, Lisa Bradley, Helen Richards與Debbie Mee-Perone在1994到1996年

間完成。這些女士大多對自己的身體、下半身以及大腿感到不滿意。我們可以從訪談資料中略窺端倪。在這次的訪談中，年齡層大約橫跨了50歲，我們會在第六章更進一步地討論年齡與身體滿意度的關係。

　　我們可以看看這些女性如何看待自己的身材

　　　　「我的下半身……從膝蓋以上、胸部以下，這個部份就是我所謂的『軀體』，我就是對這個部位感到不滿意」（35歲）。

　　　　「我對我自己的身材漸漸感到滿意了，但是對於我的小腿以及下半身還是不滿意」（25歲）。

　　　　「我真的希望我的腰細一點，我真的很希望能更細一些」（43歲）。

　　　　「我真的很不喜歡我的腹部那一圈肥肉」（34歲）。

　　　　「我不喜歡我的大腿太細，這樣會顯得我整個臀部很胖」（17歲）。

　　這些訪談資料印證那些量化的問卷資料結果，軀體、大腿、下半身、臀部與腰部都是女性特別在意的部位。在這些訪談結果中，可以發現女性不會以客觀的指標來看自身身材。不論是瘦或胖的女性，她們都認為自己的下半身、臀部以及大腿都太胖了。事實上，由那些評估自身身材大小的研究中也可發現，女性都會高估這些部位的大小。而她們所在

意的這些部位，往往是容易堆積脂肪的部位，也是塑身美體廣告所宣傳需要塑身的部位（Bordo, 1993）。

　　當我們與這些女性討論她們的身體時，可以從中發現到一些有趣的現象。女性傾向把自己的身體「客體化」。她們在討論自己的身體時，可以很輕易地表達對自己身體的不滿意，但是要說明對那些部位感到滿意時，就有困難了。在這些接受訪談的女性中，絕大多數無論身材如何，都一致地認為只要能變瘦就會很高興。對此，一個26歲的婦女說：「如果我減重了，我一定會親你一下」，一位25歲的女士則這樣說：「我一定會欣喜欲狂」。

　　大部份的女性都認為當她們的體重減輕時，她們的人生就會變好，通常其自信也增加了。另有些女性說，當她們變瘦時，她們就可以有不同的打扮：

　　當然啦，當我變瘦了我就好像置身於天堂，到那時，我就可以穿那些緊身的服裝了。（24歲）

　　當我變瘦了，我一定會跟現在不一樣，我的穿著與打扮一定會讓你覺得我是脫胎換骨了。（27歲）

　　那些變瘦的女性們也說，她們感到自己現在更有自信了。

　　十四年前，我用雜誌中介紹的節食方法減肥，後來我瘦了。在那時我覺得相當棒，自己好像是另一個人一樣，充滿了自信。（43歲）

如果我再瘦一些，我一定會更有自信。（30歲）

由訪談婦女的資料顯示，苗條與自信心緊密結合。尤其是當我們把胖子與瘦子做個對比時，這樣的現象更清楚。

當我們要她們想像自己變胖（7磅）的時後，她們說她們會想把自己藏起來，不敢出門。由她們的陳述可以清楚地了解，變胖對社交生活的負面影響：

天呀，我那時一定會感到很痛苦，根本不敢出門。（26歲）

我不敢出門，會把自己藏起來。我會覺得自己很糟糕，連跨出大門都沒勇氣。（27歲）

這些來自不同年齡層的女性她們都有同樣的感覺，如果她們變胖後，那麼她們將停止社交活動。我們在這個研究中可以發現，在那些沒有變胖的女性身上，可以發現體重些微增加對她們社交生活有顯著的影響；但是有趣的是，她們並不會因為自己變瘦（減少0.5－18磅），而覺得自己魅力增加了（Alley & Scully, 1994）。

許多女性表示，一天中最快樂的事就是早上起床時，發現自己變瘦、變輕了：

早上起床的第一件事情就是，躺在床上感覺一下自己是否變瘦了。（34歲）

當我早上起床，覺得自己肚子看起來很平坦，然後

我就起來喝杯果汁或者吃一片土司，然後就會發現自己的小肚肚越來越凸（笑了一下）（32歲）

大部份的人都表示她們為自己減肥：

我減肥不是為了誰，而是為了自己。（63歲）

還有一些人說是自己的先生（男朋友）鼓勵她們減肥。許多人表示當她老公（男朋友）對她們的身材有負面評價時，她們會感到焦慮以及憂鬱：

他說：「天呀，你不能再增加肥肉了。」這個不要臉的豬！我因此哭了一整晚。（32歲）

他說了一些話讓我很難過，我難過到哭了一整晚。（25歲）

這些女性認為媒體上的模特兒，影響到她們對自己身材的滿意度。許多人認為這些模特兒太瘦了：

我常常會想，天啊，她們都是魔鬼的身材。但是我有時會覺得，事實不是這個樣子，因為她們太瘦了，確實太瘦了。（17歲）

她們對這些模特兒的身材感到很矛盾，一方面覺得她們太瘦了，但另一方面又希望自己像她們：

她們的樣子讓我感到不舒服，她們太瘦了。但是，

我也希望能像她們一樣瘦。（25歲）

　　我覺得有些模特兒的樣子不是我想要的。但是如果我能像Naomis Claudia Schiffers，那很不錯。你知道的，我沒辦法變年輕，擁有柔順的秀髮。但是，她們的樣子有時也會讓我感到不舒服（笑了）？爲何是她不是我？（35歲）

　　我們可以發現「瘦得有形」的體型一再被提及，因爲最俱魅力。

　　我喜歡中庸，有點曲線但是纖瘦的曲線。（17歲）

　　我不喜歡瘦如排骨的樣子。我的意思是討厭像那個樣子的身材。但是看到那些瘦瘦的但又有曲線的模特兒，我會想如果能那個樣子也很棒。（43歲）

　　不同年齡層的女性皆認爲，模特兒會影響到個人對身體的滿意度。從16歲的少女到60歲的歐巴桑都認爲，身材高挑、瘦瘦的但有曲線的樣子是理想體型。

　　我喜歡堅挺的胸部、細小的臀部。（26歲）

　　大部份的女性認爲，必須纖瘦的壓力來自服裝時尙工業，因爲很多流行服飾只設計給苗條的人穿（英國的尺碼14號以下）。所以，你想要穿時髦的服飾，你就必須要瘦：

　　流行潮流支配了我們應該要有的身材，因爲你會發

現，你跟本找不到大於14號的衣服，爲了時髦你必須不能有肥肉。（26歲）

這是一個追求時髦的時代，如果你變胖的話，你就會被淘汰。（27歲）。

許多女性說她們會減肥的動機是，一旦她們變胖，她們的衣服就會穿不下。對於許多女性而言，這個問題比她們實際體重多少更重要：

這些流行服飾確實讓人感到不舒服。基本上，穿上這些衣服會讓我覺得鏡中的我是多麼的胖。這些衣服緊緊地束著我的腰。雖然這些衣服會讓我看起來更美，但是我就是穿不進去。這也就是我爲什麼要減肥，因爲衣服。（63歲）

我的體重並不理想。當我能穿下一些衣服時，會覺得相當棒。（35歲）

當我穿上牛仔褲時，我會感到相當不舒服。最近胖了三磅，讓我覺得穿起裙子或牛仔褲時怪怪的。很簡單，當你發現你胖了三磅，並且發現自己穿起褲子時，褲子變小啦。這就是我要減肥的原因，希望衣服能穿得下。我必須要減肥，因爲我不可能一直花錢去買新衣服。如果我穿不下衣服時，我一定會努力地減肥，減輕體重。（46歲）

　　我不再覺得自己身上好像扛著幾塊大石頭，因為我認為有些胖的感覺真的是自己想像的。會有這樣的感覺主要是因為我可以穿下那些漂亮的衣服。你知道我的意思嗎？我不再認為我的真實體重會影響我的感覺與看法，而是我自己認為的體重才是主要左右我的感受。這影響著我對自己的感受以及身體意象。（27歲）

　　在懷孕後身體的變化也是值得關注的一件事。產後，婦女們大多覺得自己的身材失去美麗，認為自己在懷孕前以及小孩出生前的那段「黃金歲月」較有魅力。

　　你沒有生過小孩，是不能體會到那種感受，但是當你有了小孩，就會想到，天呀，我曾經像太陽報中的女模特兒（英國太陽日報的第三頁，都會有一些年輕纖瘦的女模特兒展示服裝）。（27歲）

　　對於這些婦女，她們無法確認懷孕是否有任何正面意義。主要的負面效果，是妊娠紋以及下垂的胸部：

　　我身上出現了一些奇怪的斑痕，而這些東西多到數不清。（25歲）

　　我想除去這些鬆弛的肌膚。（24歲）

　　我希望胸部能像過去一樣堅挺，而不是下垂的贅肉。（27歲）

哺乳毀了我的胸部，我願意盡我所能來改變它。
（35歲）

在訪談過程中可以發現，這些不同年齡層的女性對於自己的身材大多不滿意，特別是下半身的曲線。她們也經常拿自己跟模特兒或演員做比較，這些模特兒（例如Claudia Schiffer）、或演員（例如Demi Moore），她們除了有纖細的身材以外，還有誘人的曲線。我們也可以發現，那些過瘦的模特兒（例如Kate Moss）並不被認同，她們被認為太瘦了，無法成為眾人欣羨的對象。變苗條與自信心有關，對大部份的女性而言，她們相信只要能減輕體重，她們的人生將出現新的曙光。在訪談中有一件很有趣的事，那就是沒有一個女生希望增加重量，甚至那些瘦如排骨的人，也不想變重。大部份的女生，都能明確地表示她們希望那些部位需要減重。而且有些女性高估自己的體重。一些心理學家認為，她們可能有些特質讓她們會高估自己的體重。我們將在下一段探討這種現象。

體型評估之技術

自1960年代起，大家開始對於體型的評估感到興趣。Bruch（1962）當時發現，厭食症的婦女對於她身材大小的知覺有扭曲的現象，即使她們已經很瘦了，她們還是會認為自己很胖。我們也可以發現，女性對於自己的身材有她自己的看法。畢竟我們習慣透過鏡子看自己，去選擇適合的衣

服。事實上，關於體型評估之研究認為，大部份的女性並不善於評估自己的體型大小，以及身體特定部位的大小，她們多半傾向高估。

身體大小評估技巧（body size estimation technique），可提供一些量化的資料，讓我們了解女性對於自己身體的扭曲程度。評估技巧可分成兩大類：「整體身體評估」（whole body）以及「身體部位評估」（part body）。整體身體評估，就是請受訪者看一系列的照片，請她選取與自己身材最接近的照片，經由電腦加以修正不同體型的照片，然後請對方選取最像的照片。身體部位評估，則是評估身體特定部位的大小，通常是在牆上照一個光棒，然後調整光棒的寬度，以顯示特定部位的大小。

身體部位評估技巧

身體部位評估技巧盛行於1970年代到1980年代間，雖然目前比較少用，但是此一方法可以幫助我們了解個體對於自己身體某特定部位的知覺狀況。可動光棒法（moveable caliper technique）（Slade&Russel, 1973），主要是請受試者調整兩條水平的光棒，以表示自己身體某特定部位的寬度。在1980年代，Thompson與Spana（1988）將此一方法做些修正，他們將光棒改成四條，分別代表胸部、腰部、臀部以及大腿。此方法稱為可校正光棒法（Adjustable Light Bean Apparatus）。在評估過程中，會要求受試者調整這些光棒來表示這四個部位的寬度。將受試者所評估的寬度以及直接測

量的寬度來做比較，可以算出一個比率數值。Kevin Thompson發現，女性通常都會高估這四個部位大約25%，特別是腰部高估的程度更高（Thompson et al, 1990）。顯示女性對於自己胸部、腰部、臀部以及大腿的評估，比實際大小高估約25%。

整體身體評估法

這個方法就是給受試者一些真實的照片，可能比她還要胖或瘦），然後請她選擇一張最能代表她目前身材的照片。例如：David Garner（美國密西根大學異常飲食行為學系主任）採用照片扭曲法（Distortion Photograph Technique），請受試者從一堆照片中，找出一張最符合自己目前身材的照片，而這些照片是依據受試者真實的身材，然後將其變胖20%到變瘦20%。我們可以從她知覺到的身材（選出的照片）與真實身材（真實的照片）間的差異，來看她扭曲的程度。結果發現，女性同胞很一致地傾向高估自己的身材，而越瘦的女性扭曲程度越大。其他研究者，如澳洲（Touyz et al, 1984）與美國（Gardner & Moncrieff, 1988），他們採用影象扭曲法（Distorting Video Technique），由受試者觀看影帶中自己的影象，其扭曲度從變胖50%到變瘦50%，然後選出最符合自己目前狀況的影象。研究發現，女性都傾向誇大自己的身材，傾向選取比自己真實身材胖的影象。然而這個方法還是受到一些質疑。研究者指出，對於比較在乎自己外表的人而言，在觀看自己身材變胖的影象後，會產生一些負面的

感受（Thompson et al, 1990）。而且，這些影象扭曲度是固定的，而不是由受試者依不同部位自行調整。在這種強迫選擇的狀況下，無法做準確的評估（Thompson & Spana, 1988）。所以有些女性可能只是誇大了自己的臀部、腰或大腿，而其他部份並無誇大。關於這個問題，可以透過電腦技術來解決，請受試者在電腦上進行不同部位的校正，以吻合她們的身材與體型大小。

整體身體與身體部位結合之評估法

Emery與他的同事（1995）在Newcastle以及Oxford大學中，發展一套精密的電腦評估方法，它可以拍攝受試者穿著緊身衣的形體。這些受試者在螢幕上觀看這些影象，然後修正這個影象，直到她們認為最像自己目前的身材為止。這個程式可以計算出，個體是否誇大或縮小她們身體的每個部位。在一個研究中，邀請了20位女性，年齡為19－32歲間，進行自我評估。研究結果發現，她們傾向誇大她們的小腿、臀部以及腹部，而低估其它部位。這個方法的好處是可以了解，她們對身體不同部位的高估與低估的狀況，也可以讓她們看到自己變胖或變瘦的模擬體型，不只是把影像加寬或變窄而已。

使用此方法的相關研究結果顯示，大多數的女性傾向將自己的身材誇大。Kevin Thompson（1990）在回顧相關文獻後，發現一般婦女與厭食症患者都一樣會高估自己的身材。瘦的人對體型的高估程度比胖的人還要多，但是如果將厭食

症的人一起放入分析的話，這樣的差異也變小了。而月經周期也會影響到個體對於自己身材的評估，在月經來潮之前幾天，對於腰圍高估的程度較高（**Thompson et al, 1990**）。

綜合而論，研究證實大部份的女性都會高估（誇大）自己的身體，至少會局部高估。當我們要研究個體對於自己身材的滿意度時，要把這種誇大的傾向考慮進去。因為我們必須要了解，在大環境下，多數的女性都有不真實的自我身體意象，特別是腰、臀部與大腿。這些資料可以讓我們知道，女性如何看待自己的身材、她們所在意的部份、及與理想苗條身材間的差異。由訪談的資料中可以知道，女性實際的體型與身體滿意度、希望變瘦的程度無關。自我知覺的體型似乎較客觀所測之體重，為個體身體滿意度之更重要的預測指標；也就是說，主觀的知覺體型大小比客觀的身體質量指數，更能夠有效反映出個體的身體滿意度（**e. g, Furnham & Greaves, 1994**）。

身體不滿意度的行為指標

評估個體對於自己體型與體重關注程度的方法，是經由觀察個體的相關行為來了解。在訪談過程中，可以發現女性會採用節食、運動來改變體型或體重。在這一節，我們將探討女性與身體相關的一些行為，例如：節食、運動、整型。

節食

個體對於自己身材不滿意的第一個行為指標是：節食。

大部份的女性都曾經有過利用節食來改變體型和減輕體重的經驗。推估在美國與英國，大約有95％的女性曾經節食（Ogden, 1992）；而且大約有40％的女性持續性地節食（Horm & Anderson, 1993）。

　　在一個針對英國女性、年齡從18歲到35歲的研究中，Furnham與Greaves（1994）發現55位女性中有48位（87％）曾經節食過，或目前正在節食。當進一步地詢問節食的理由時，她們的多半是「希望更瘦」、「增加信心與提高自尊」。

　　大部份的研究者都發現，只有大約5％的非肥胖者女性可以經由節食來減輕體重，其他95％的女性都失敗了。Nickie Charles與Marion Kerr（1986）發現，大多數的女性都以節食當作減輕體重的方法，而且她們多半認為因為無法持之以恒的節食，所以才會失敗。

　　在Manchester Metropolitan大學所進行的研究中發現，在接受訪談的女性中，大部份都曾採用節食的方法來減輕體重：

　　　我知道我們可以利用節食來讓自己保持苗條。（43歲）

　　　節食是唯一可以減輕體重，並讓自己覺得比較舒服的方法（34歲）

　　　（如果我不節食）我會變胖，因為正常的食量很容易讓我變胖，所以我必須努力控制自己的食量。（30

歲）

我們可以從這些女性的談話中發現，過度關注自己的身材是最主要的特徵。大部份的人都說，她們處在節食與增重的循環中，節食二到六周後，體重明顯減輕了，當她們恢復過去的飲食習慣後，又開始變胖，然後進入下一段節食的歷程：

　　嗯，我無法冷靜下來，我現在感到有些亢奮。跟你說，我不斷地努力，我一次一次的節食，每次都持續六周直到我撐不下去。我的節食方法是，早上吃麥片，中午吃起司、喝濃湯，晚上減肥餐只喝茶；可是到了週末，我就會允許自己大吃大喝。但是，如果我破功的話（大吃大喝），我就又回到過去暴飲暴食的生活。我就是在節食與暴飲暴食兩個極端中擺盪。當我決定節食時，我也會很快地開始，但是也是很快地陷入暴食的狀況。就是這樣地來回擺盪。（35歲）

　　我想我的一生，就是在節食與不節食中循環，而且我也知道那對身體健康不好。（43歲）

大部份的女性都能夠區分「正常」的節食（減少食物攝取、禁吃高脂肪的食物、計算熱量）與時下流行的節食法，通常是含有蛋白質的流質食物或水果餐。流體蛋白質飲食在1970年代中期開始流行，以低卡的蛋白質飲食來取代正餐（用水沖泡），它提供個人健康所需的蛋白質，同時減少熱量

攝取。有些研究發現，這樣的飲食對於那些自認爲過胖的人（體重爲正常標準）會造成傷害。而Jane Ogden（1992）發現再造成傷害以前，大家會因這樣的飲食過於平淡便放棄了。同樣的問題也出現在水果餐中，當我們只吃水果時，我們會有一段時間處於饑餓狀態，這將對我們的身體造成負面的影響。水果餐的推行好像鼓勵大家暴食（在沒節食的日子），然後催吐（在節食的日子），吃水果就好像使用利尿劑（瀉藥）來減輕體重一般。

　　在訪談的過程中，大多數的女性都反對當前時髦的節食法，因爲這種方法長期來看沒有效果（因爲她們會無法抑制對其他食物的渴望），而且這種方法有礙健康（因爲這樣的節食並不能獲取適當且充份的營養）。

　　　我認爲那些時髦的節食法相當愚蠢，唯一可以減少
　體重的方法就是不要吃過量和運動。（46歲）

　　　當我吃那些減肥餐時，我覺得相當疲憊。因爲我無
　法獲得足夠的能量。（30歲）

　　大部份的女性都說，她們會不吃食物使自己看起來比較瘦，然後到晚上再吃：

　　　當你自己吃的很飽時，你會知道你不喜歡這樣的感
　覺，而且你會想到你這一周來已經吃了這麼多，存糧也
　夠了，所以一直到晚上才吃。你會一直撐到晚上才吃東
　西，然後大吃一頓後，等到明天晚上再進食。（27歲）

> 我會一直餓到星期五晚上，那時會覺得自己比較
> 瘦，然後在外面吃一頓。那時如果我不吃的話，真的會
> 餓扁了。（25歲）

這些只能達到短期效果，與節食者想達到的長期效果相背。大多數的女性都說，爲了看起來較瘦，既使很餓，還是限制食物攝取。

節食也變成一種普遍的減肥方法。許多女生，會在特別時刻故意不吃東西，好讓自己看起來較瘦。她們這樣的做法，是因爲她們認爲瘦一點會讓自己更有自信。無庸置疑地，那些減肥產業倡導這樣的信念，建構信心十足的纖瘦模特兒，並且強調只要透過它們的幫忙便能減重，並創造全新的自我。

運動

有一些研究顯示，在1990年代女性的運動風氣較1980年代盛行。在英國，有兩項「健康與生活型態」的調查研究於1984年五月以及1991年二月實施，訪察英國、蘇格蘭以及威爾思（wales）等地的居民。在訪察結果中，可以很明顯發現，1991年婦女參與運動的比率會較1984年的調查結果高（Cox et al, 1993）。調查結果正如預期一樣，運動情況以四十歲以下最盛行，而60歲以上的人最少運動。在1991年的調查中，女性最常進行的運動是整理家務跟瑜珈，再來是舞蹈、游泳、騎腳踏車跟慢跑。五十歲以下的男性，他們的運動頻率較同年齡層的女性高（除了整理家務、瑜珈跟舞蹈）。

　　這樣的差異，可能是女性運動的動機跟男性不同。
Furnham與Greaves（1994）發現，女性運動的主要原因為體
重控制、改變身材以及增加魅力，再來是健康。在這一章節
的訪談資料中可以發現，女性傾向會利用運動來減少體重以
及改變身材。對於這些女性而言，運動的主要動機為減重、
改變肌肉線條，較少因健康因素而運動：

　　（我運動）完全是為了體重。為了使身材更加結實
以及消除熱量，我總是認為自己做的不夠多。每當我游
泳完以後，我都會覺得自己很舒服，而且覺得自己真的
變輕了。（32歲）

　　我想要讓我的腿更細，那是我運動的原因。（17
歲）

　　跟據1991年的調查，在40歲以下的女性中，有50%以上
的人會從事一些運動。運動的正向效果不只是改善肌肉線條
（雖然這是主要動機），研究者認為運動還會增進個體的身體
意象以及自我概念。Snyder與Kivlin（1975）發現運動的女
性，她們較不運動者傾向於有較正向的身體意象。這樣的結
果也說明了，有運動的女性對自己身體的感受較傾向正面，
特別在體力以及健康層次上，而且她們認為參與運動讓她們
獲益良多。

　　在最近的研究中，有研究者比較有運動習慣的婦女以及
沒運動習慣的婦女之身體意象的差異。Adrian Furnham與他

的同事（1994）選擇60位英國婦女參與其研究，將她們分成四組每組15人。第一組為不運動組，她們沒有運動的習慣（大部份幾乎不運動）。其他三組都是有運動習慣的女性，平均一週至少三次。這三組可分成球類組（網球、桌球等），滑船組以及健身組。每個參與者跟據十種不同的特質（有自信、女性化、健康、男性化、受歡迎、性感、不吸引人、不和善、不快樂以及不自然）來評估九張裸女的圖片（圖3.2——從極瘦到極壯）。

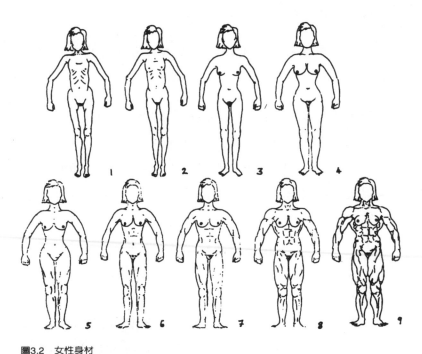

圖3.2　女性身材

來源：Adapted from Furnham *et al.*, 1994, with permission.

　　另外，也請研究參與者根據先前的特質來評估自己目前的身材，並由之前的圖片中，選取最像她目前身材的圖片。研究發現，習慣運動者她們對瘦的身材較傾向於負面評價，而給予健壯的身材有較多的正面評價。而且，那些有運動習慣的人，以較正面的態度來看待自己的身材。當然，這樣的結果可能是因為運動而有好身材所致。當然，也可能是因為運動使得他們自尊提升。喜好健身與划船者，她們比其他人更偏好健美的身材，而這種身材往往是女性所不喜歡的。正如所預期的一樣，喜好健美的人對於具有肌肉的身材有較高的評價，會認為這樣的身材更具女人味、更性感、更具吸引力，及較自然，也不會過於男性化。

　　在Furnham（1994）的研究中顯示，健身者挑戰了傳統對於女性的刻版印象，即苗窕的理想體型。一般而言，健身是女性較不能接受的運動，所以喜好此一運動的女性往往要面對他人的歧視。在1970年代，男性對於喜好運動的女性皆有負面的態度，特別是那些造成傳統女性改變外表的運動（Fisher et al, 1978；Snyder and Spreitzer, 1974）。在Snyder 與Kivlins（1975）的研究中，那些健美小姐報告會感受到他人的歧視以及性別角色的衝突。到了1990年代，大家對於女性從事運動的態度有180度的大改變。而且，在90年代女性運動的風氣比過去80年代還盛行。然而，健美還是不容易被女性接受（Mansfield and McGinn, 1993）。

　　雖然統計資料仍不完全，但女性健身的人口是有增加的**趨勢**。不只在「健康與生活型態調查」中有關於健身活動的

研究，Korkia（1994）也針對健美活動進行調查，他們發現
健身房中女性與男性的比率為1：3。在研究中並發現，這些
喜好健身的女性也會使用某些程度的類固醇。在London,
Merseyside, 以及Glasgow等地針對21家健身中心的研究中，
選取每兩天運動一次的女性，並且選擇到中心最多人次的時
間內收集資料，結果共訪談了349位女性。有八個受訪者
（2.3%）曾經使用過類固醇，五位（1.4%）受訪者目前正使
用類固醇。她們大多使用oxandrolone, methandrostenolone,
stanozolol。在第二部分的研究中，Korkia 訪問了13位使用
oxandrolone的女性。一個受訪者報告說，因為使用類固醇而
產生月經失調的現象，另有兩個人報告說她們有一些負作
用。這個研究發現，確實有少數的女性使用類固醇來幫助自
己的肌肉更發達。在美國，發現女性使用類固醇的人口有些
微增加的趨勢。Charles Yeselis 與Michael Bahrke（1995）等
人發現，使用類固醇的人口大約為1-6%，使用比率最高的是
喜好健身的人。這些物質主要的負作用為月經失調、聲音低
沉、乳房收縮、掉髮、粉刺、增加體毛、以及陰蒂擴大。這
些負作用會直接挑戰傳統女性的身體意象，所以她們很可能
會受到他人的異樣眼光。很有趣的是，她們都能不受外界眼
光的影響，反而努力追求不受社會接納的健美身材。

　　一些女性主義者對於女性健美有一些不同的觀感。
Sandra Lee Bartkly（1990）認為這是對於社會文化的一種挑
戰，它挑戰了文化如何看待女性的身體，並且認為這些健美
女性可成為女性主義的代表。她對於這些健美活動抱持樂觀

的態度，因為這些活動挑戰了主流文化對於女性應該瘦弱的
看法，也顯現了目前追求強壯的趨勢。女性纖弱的外表是文
化潮流下的產物，她認為我們應該給自己自我超越的空間。
這正可以挑戰文化中把強壯視為男性化的觀點。Susan Bordo
（1990）則提供另一種思維，她認為健身是女性對於文化要
求她們能掌控自己身體的反動，她們應有對自己身體的自主
權。她覺得厭食症以及健美都是企圖避免自己「太過軟弱、
鬆散、不堅強、以及過胖」（90頁）。她認為，女性健身是對
於文化要求擁有纖瘦身材的另一種反應，而這樣的做法與節
食減肥者雖然方法不同但目的相近。對於Bordo而言，這些
女性並非要挑戰文化，只是用另一種方法來回應文化的要
求。

　　Leena St Martin 與Nicola Garvey（1996）認為，90年代
以後的女性健美活動是為了對抗有關女性天生的身材這個概
念，因為這些健美的女性追求的是肌肉的強健，而肌肉正是
傳統男性的象徵。而傳統對於女性身材的要求，是不希望女
性有肌肉以及強健的身材。這些愛好健美的女性，正好挑戰
了傳統對於女性身材的看法。他們也認為，這些女性不只是
追求陽剛之美，還會希望自己保有女人味（傳統上的女性—
打扮、婀娜多姿）。他們也發現這些健美者也會為了保持女
人味而去進行整型手術（例如隆胸），並且會讓自己看起來
更有女人味，例如裝扮、畫妝和打造髮型。他們並指出：

　　當女性利用健身來掌控制度化的事實無法否認時，

這些女性並未能免於性別系統的影響。當我們將健美放在文化的脈絡下來看時，我們自然就會將健身詮釋爲對於文化的一種挑戰。

（St Martin & Bavey, 1996：54）

St Martin 與 Bavey認爲，健美是違反女性特質的活動，這種對於女性身材的要求，也就是另一種要女性回歸主流文化的一種企圖。很諷刺的，這些健美活動相較於其他運動而言，與論經常把焦點放在對傳統女性角色的挑戰，其他女性所參與的運動，大家較不會強調女性的特質，因爲這些活動並不會造成文化與個人身體的衝突，而做這些活動的女性，也不會被認爲是不像女人的男人婆。

美容手術

在1990年代，在英國以及美國，接受美容手術的女性明顯增加，特別是抽脂與隆胸（Gillespie, 1996; Viner, 1997）。有越來越多的女性，採用整型的方式來改變自己的身材（Pruzinsky & Edgerton, 1990）

整型並不是現代才有的現象。我們可以追朔到西元前1000年，在印度出現了第一宗整型事件，當時一個因處罰而割掉鼻子的人，接受了鼻子再造手術（Davis, 1995）。到了20世紀中業，美容手術（爲了讓身體更好看）才開始發展。Naomi Wolf（1991）回朔歷史探尋所謂的整型時代，她發現美容手術已變成一種集體現象。現在所進行的美容手術，大約有40%是進行整形手術，大多是因爲對自己外型不滿意而

利用手術使自己更好看（Davis, 1995）。

　　爲何有這麼多的女性會採取這樣極端的手段，來改變她們的身材？她們爲何願意承受這些不必要的手術，來讓自己看起來更好看？這些現象可以幫助我們了解，女性對於自己身材不滿意的狀況。

　　Kathy Davis（1995）從女性主義的觀點來看美容手術，她認爲要了解這些女性爲何會接受具有痛苦以及危險性的手術，必須從這些女性的觀點來看。她以西方文化中具有的負面內函來看美容手術，而不以手術矯正的觀點，她認爲這是一種文化上的迷幻現象—（許多人都會提出一些正當的理由來說明自己爲何要動手術）。她在荷蘭進行相關研究發現，在過去幾年來美容手術的比例逐漸增加（在1994年有超過20,000件整型手術，按人口比例來算比美國的手術比率還高）。而在荷蘭當你的外表不屬於「正常」時，就可以免費接受美容手術，這裡的資料可以幫我們瞭解在沒有經濟壓力時，女性如何做接受整型的決定。

　　她與曾接受不同整型手術的女性進行訪談後發現，這些女性都認爲自己是文化對美麗的要求下的受害者。她們有很長的一段時間，面臨自己的外表不受他人的接受，或被認爲與衆不同、異常。她發現，接受美容手術者並不是要讓自己更美，而是讓自己合乎正常的範圍。這些受訪的女性認爲，在決定進行整型手術時，她們感受到自己可以掌控自己的生活，而美容手術是自己所做的決定，而非先生或醫師的要求。她們相當清楚手術的利弊，而也是經由利弊分析後，才

做這樣的決定。Davis認爲美容手術的決定，是一種經過分析的決策歷程，但是這樣的決策歷程還是在社會文化的情境之下。她的想法與過去的學者相異。Kathryn Morgan,（1991）認爲接受美容手術的女性，是其男朋友、先生或醫師的犧牲品，而且她也不認爲這些女性的自我決定是一種假象。

　　Davis認爲，女性是主動具有智慧的個體，她們會依據有限的訊息來進行決策。在受訪的女性中，她們都覺得自己有決策的自由，雖然這些選擇受到文化對美的要求以及手術技術的限制，但她們還是自由決策的個體。這些「選擇權」「，我們要將它放在身體是一種商品的架構中來看。Davis也探討了一個議題，「變性手術」，也就是個體的內心世界與身體結構不同的狀況 （1995：163），變性手術可以幫助個體改變外型與自己的內心世界相吻合（1995：169），此種手術被視爲藉由改變外表，來重新進行自我認同的方法。這個問題也衍生到政策上的正當性，個人是否有權因個人的性別認同問題，來改變自己生理上的性別。這也反映到女性是否可以以相同的理由來進行整型手術。Davis認爲，目前的政治面考量可能會調整女性主義的方向，認爲女性整型是要求美麗的系統下之自我傷害行爲，而且會認爲女性參與整型是一種問題，也就是說，這些女性爲何要尋求手術這種極端方法來改變自己，是一個大問題。她本身認爲我們不需要過度陷入是否接受這種新路線的爭論中：

　　對於那些批判整型手術對於女體改造以及女性無法

持續悅納自己的立場之影響，我想只是目前還無法找到
更適當的解答吧。

（Davis, 1995：185）

　　（譯者註：女性主義對於整型手術對女體的壓迫有不同
的詮釋，依循女性主義的革命性思維，我以「路線」這個字
眼來反映不同的思潮）。

　　Kathryn Mogan（1991）採取主流的女性主義觀點。她
認為，雖然女性在整型手術中，會感覺到自己有選擇的自
由。但是嚴格來說，她們對自己的身體並非完全自主，因為
社會文化還是持續地對她們的外表有某種程度的壓迫。雖然
目前一些女性對「女性」角色的認同有新的觀感，而這樣的
觀感也對男性主導的傳統觀點（傳統男性社會對於美女的定
義）有所衝突，但這樣的反動還是在男性文化下運作。她認
為，在選擇手術的過程中，表面上是女性可以掌控自己的身
體（和生活），但事實上還是受到家人、朋友、及伴侶的直
接影響，以及受到專業人員的間接影響。她認為整型手術不
可能是獨立自主的女性能接受的行為，因為它骨子裡還是社
會系統對女性壓迫的幫兇。

　　Morgan（1991）以一些女性雜誌以及報紙之文章為樣
本，包括一些有關女性整型經驗的報導。她從這些女性雜誌
的廣告中隨機取樣，發現這些廣告強調進行整型手術可以增
進自信（「**Transform**」報導：在這個整型手術發展的時代，
整型可讓妳擁傲人的胸部，並且可以讓妳更有自信），且是

具有理性的（某家診所：改造自己是一件合理的事），但是對於手術可能帶來的苦痛避而不談，並且強調手術照料的優點以及保證效果（「Transform」報導：歐洲的診所都將焦點放在良好的醫療照料以及對於效果的保證上）。我們也常在廣告上，看到一些模特兒的照片往往會伴隨著小標語：整型讓我更好（Belvedere 診所）。在女性的雜誌中，也經常能看到這些鼓勵整型的廣告。例如有一文章的標題寫著，「豐胸、修頰、隆鼻、修腹……妳都可以在NHS中完成，你會發現，這是一件很簡單的事」（Company, February 1995），NHS並提供給讀者「整型九大步驟」。（譯者：NHS是全國健康服務中心）。全國健康服務中心認為，整型外科應提醒民眾不可以有不合乎現實的期待（例如，如果你期待你豐胸後，分手的男朋友會回頭，或你會突然充滿自信，若是如此你會很失望），而且要告知費用以及手術進行方式。在整合這些整型廣告以後，可以發現大多數的廣告都會鼓勵女性付諸行動（目前還未看到反例）。

女性的社會建構

Susie Orbach（1993）認為，女性從小就被教導她們的身體也是一種「商品」。她也分析了西方消費文化如何將女性的身體商品化，並發現在身體商品化之後，讓女性有更多的困擾：

084

　　若你敏感一些，你可以發現我們都認為自己的身體
就好像花園一樣，需要不斷地維護與美化，這樣的想法
源自於將自己的身體商品化。在一個消費的社會中，當
女性的身體可以賦予商品生命時，也會引發女性的身體
意象問題，對自己與他人身體的知覺扭曲，以及甚至是
自我與身體的抽離。

（Orbach, 1993：17）

　　（譯者註：在台灣也可以發現女性身體被商品化的現
象，例如日前所強調的「自我包裝」，一些高價的化裝品、
裝飾品，皆被人性化了，好像不同的化裝品有不同的個性，
在這樣的流行風潮下，我們的身體也漸漸被自己物化了。當
我們以物品來看待自己的身體時，很容易地就會產生一些不
滿意的現象─擔心這個「物品」有瑕疵）。

　　Orbach發現當我們將自己的身體物化或將自己的身體與
自我分離後，「心因性厭食症」也就相伴而行了；這也是一
種現代社會的「隱喻」（metaphor），女性利用身體上的不適
來抗議自己在這個世界的地位。我們會在第七章做更深入的
討論。

　　一些女性主義的研究者認為，女性是這個社會的受害
者，透過女性的身體來控制女性。在1980年代，許多女性主
義者認為，那些所謂的美女的標準，對於女性而言幾乎是
「不可能的任務」，怎麼有人可以前突後翹，但身材纖細呢？
這些不合實際的理想身材，是讓女性居於順從地位的好方

法，因為女性只專注於自己的身體。女人投入所有的精力，致力於讓自己達到完美的身材。Susan Brownmiller（1984）在《女性化》一書中（Femininity），帶有感情但不失理智地痛批女性與她們身體間的關係。她描述女性從小到大重視自己外表的發展歷程。她以親身經驗來敘述美國女性的成長，並且看到時代潮流的變化，而自己在維持自主下，又如何在當時的潮流下「殘存」。她相當犀利地痛批這個文化對女性身材大小的要求，即男性應具有「力量」、「巨大」，而女性應「嬌小」、「纖弱」。她認為文化期待女性「纖瘦」、「嬌小」，是源自於男性的支配慾望：

> 當一個女生比男生高時，她就打破了「女性」的標準規範，她會讓男生覺得自己在這個講求競爭的世界比較矮小──沒能力。她會打破他的男性意象，並且破壞了其攻擊者與保護者的角色。
>
> （brownmiller, 1984：13-14）

Brownmiller發現大多數的生物，女性的體型較大，在兒童讀物中出現的擬人化生物，也有同樣的狀況。然而，「男性強大」與「女性弱小」的想法被深植在意識之下，只有當我們的內在預期受挑戰時，我們才會警覺到問題所在。她也發現，當女人面對肥胖時，她們會遭受到更多的不適感，胖好像意味著多了一些額外的東西，另外也隱含著「力量」，而這樣的特徵是我們目前文化所不期待女性擁有的特質。儘管女性實際上比男性多10%的脂肪，她指出女性的身體受到

目前流行美學思潮的控制，這樣的思潮一直塑造出「小鳥依
人」的美。

　　她進一步地回溯「瘦才是美」這樣的美學觀的發展史，
她發現整個審美觀點的轉折點在於Ingres所畫的「出浴圖」
（The Turkish bath 圖片十二）以及Ziegfeld Follies 的女體圖，
這些女性的三圍是36-26-38（特別注意她們都是楊柳腰）。

　　她也發現了比基尼（如果你有陽光般的膚色將會更好看）
的盛行，以及Jacqueline Kennedy與Twiggy這兩個纖瘦美女，
都助長了美國1960年代「瘦就是美」的流行時尚。當女性被
鼓勵維持美好外表的風氣下，身材的維持更加隱含著個人的
意志力以及成功的表徵（尤其當個體努力節食後達到目
標）：

　　　我們如何看一個人，也就是女性在外型上的「互相
　　較勁」。

　　　　　　　　　　　　　　　　（Brownmiller, 1984：33）

　　她指出，社會強迫著女性去追求完美的外表（讓男性可
以賞心悅目），主要是要讓她們無暇顧及其他事務，使得這
些女性無法擺脫自我的監控，而無時無刻地注意自己的外
表：

　　　〔她們〕從不會感到滿意，也不會感到安適，因為
　　她們必須無止盡地追求完美的外表，這稱為女性的虛榮
　　心。這使得女性的心靈無法得到自由。

（Brownmiller, 1984：33）

Wendy Chapkis（1986）認爲，女性受到「全球性文化機制」（global culture machine：由廣告、傳媒以及化妝品工業所建構）的壓迫，而這個機制將窄化的西方式的標準美散播到世界各地。她看到很多女性努力地追求完美的形象，並且更加驗證這些美的標準是如何壓迫著女性。她認爲目前女性陷入了這個美的系統中，然而如果女性可以接受眞實的自己，其問題便可能改變。這個狀況會很貼近「美的秘密」（beauty secret：大部份的女性都不自覺地追求文化所建構的美），若我們能夠接納「自然美」，自然也就可以擺脫這些文化壓迫。

Susan Bordo（1993）認爲，過度關注肥胖、節食、追求苗條，這些對女性而言都是正常現象。西方文化對女性傳達著一個清楚的訊息：過重等於「毀損」、「淘汰」、「負擔」等負向字眼。而理想的身材是，個人可以完全地掌控自己的身體。她認爲，看似無關的健美與強制節食，都跟害怕肥胖有關：

> 這兩個表面看起來不一樣的理想體型其實都是在對抗一個共通的敵人：鬆散、不結實的肉。在我們的文化中，特別偏好結實的體重（沒有肥肉），所以大家也就努力地維持體重。

（Bordo, 1993：191）

　　Bordo從文化的脈絡去分析女性追求苗條的原因，主要是想了解女性爲什麼特別容易受到「美」這個系統（beauty system—也就是美的標準）的壓迫。她對於女性反抗這種壓迫的能力感到悲觀。她認爲女性好像只能受制於此，因爲她們沉溺於把纖瘦者視爲具有文化中正向特質的人。她認爲女性主義者傾向女性能擺脫這樣的「毒害」，女性的認同要獨立於主流美的文化，並且顯示女性如何擺脫迫害她們的系統（對於女權高張有負面想法的世界）。

　　在這分析之下的其中一個問題是，「女性不再是文化壓迫的受害者」。相對地，Dorothy Smith（1990）認爲女性在詮釋與文化相關的訊息上，應扮演主動的角色。她認爲女性可以主動扮演著她心中的女性角色，展現自己女性的角色是一種「技能」活動。我們可以經由閱讀一些相關的文章（特別是女性雜誌），裡面會有一些訊息是如何增加魅力。但是在讀這些資料時，必需要有一些先驗的知識，才能將它放在適當的脈絡下解讀。她揭露出這些女性雜誌是如何設定讀者群，如何呈現理想的模範（採用完美的模特兒），以及教導大家如何成爲這樣子的女性（例如節食、運動、食用低熱量食品）。她也指出，這些訊息都在創造女性對於自己的不滿意，並且會進一步地矯正這些缺陷。女性將自己的身體物化，然後努力地追求所謂的標準身材。

　　Sandra Bartky（1990）也認爲女性主動地處理這些女性身體的表徵（女體的意義）。她認爲這種「流行美情結」（fashion-beauty complex）讓她們有機會去滿足自己的慾望，

但是隱含在其中的是一種貶抑女性的訊息，因爲女性從來都沒辦法達到所謂的標準美女：

> 在化妝品專櫃、在超級市場的雜誌櫃、以及電視媒體上，我們到處都可以看到完美女性美的形象。這些訊息不斷提醒我們無法達到其要求。我們的鼻子是否長正了？屁股是否太大？腰是否太粗？女性的身體就這樣被物品化了。這種「流行美情結」讓女性從自己的身體中抽離，換句話說，身體好像是一種物品，放在外界讓自己來評論。

> （Bartky, 1990：40）

Bartky發現女性身體的每個部位都被物化了，所以自然就會感到與自己的身體疏遠。她認爲女性在維持自己身材的過程中會感到愉快，其中的主要原因是在整個過程中，她們發現她們需要這些歷程（經由訊息的灌輸、心理上的操弄以及自主性的排除），而這種「錯誤的需要」源自於現代美情結；除此之外，她們也被灌輸這些需求是可以滿足的。現代美情結強調從自己的身體來獲取快樂，也因此觸發了被壓抑的自戀。她指出，身體美學的演化過度誇大了美的理想形象，以及我們可以靠自己的力量來重新「整飾」自己。她認爲，我們應該從窄化的審美標準中解放出來，女性美應該由女性來自我決定。她也期待女性能夠自我創造出一種多元的女性美。如此能讓女性更加地悅納自己，而不再因爲無法達到苗條的理想體型而感到不安。

　　女性主義者從女性的身上探尋她們的經驗是一件相當重要的事，這讓我們更了解爲何女性會如此在意身體是否達到標準。無疑地，1990年代以來，西方文化就一直建構出一套不合實際的理想體型，若你不順從將受到這個社會的排擠。這也讓我們發現，女性不斷地追求完美身材（如節食與整型）是一件相當複雜的事。一些作家，如Sandra Bartky, Susie Orbach 以及Dorothy Smith，她們都從女性主義的觀點來看這個現象，認爲女性應該扮演主動的角色，應該了解她們的決定受到窄化的文化思考之影響。

摘要

- ◆ 女性普遍對自己的身材感到不滿意，特別是軀體、腰與大腿。
- ◆ 大部份的女性都希望自己能夠更瘦。
- ◆ 問卷、訪談以及身體大小評估法是英美以及澳洲常用來評估對自己身體不滿意程度的方式
- ◆ 女性主義對於女性對身體不滿意的看法，認為是社會對女性的壓迫，傳達著瘦與青春、成功、自我控制等正向特質所致，並且將女體物化，強調個體可經由努力來改變自己。
- ◆ Sandra Bartky（1990）提出了改革方案，推動新的女體美學觀，希望女性能夠更加悅納自己的身體，並且從窄化的文化壓迫中解脫。

國內研究＝＝國中女生早晚熟與身體意象、自尊及生活適應之相關研究

在黃雅婷（2000）的碩士論文中，她探討了國中女生的身體意象相關議題，結果發現，在身體滿意度上，有64.1％國中生表示滿意自己目前的胸部發育，有31.73%表示胸部發育曾帶來困擾，有44.4%的女生希望自己更豐滿，有46.6%滿意現況，而有9.0%的女生反映希望自己胸部變小一點。在其他部位的滿意度狀況，早熟的女生對於體重表是「非常不滿意」，對於臀部、腿長與大腿表示「不滿意」，對於其他部份表示「普通」。顯示國內的國中女性，普遍對自己的身體某些部份感到不滿意，並且在發育過程中有一些困擾。

第四章　男性與身體滿意度

　　最近心理學家與社會學家開始研究與探討男性的身體，
過去的研究大多著重在女體上。在媒體上，呈現的女體明顯
比男體頻繁，並且有更多的討論（Morgan, 1993）。直到最近
十年，心理學家與社會學家才開始對男性的身體滿意度感到
興趣。隨著男性身體漸漸在媒體上曝光，大家對於男性對自
己身體的滿意度也漸感興趣。這一章將探討最新近的相關研
究，也會深入探討社會文化如何施壓於男性追求肌肉強健的
體型之情形。

　　大部份的男性都會期待自己體型健壯（中胚型
mesomorphic），他們都希望自己有豐厚的胸膛、健壯的手臂
以及寬大的肩膀，而較不喜歡自己是瘦弱的（外胚型
ectomorphic）或肥胖的（內胚型endomorphic）模樣。研究顯
示，目前的社會文化較偏好健壯的身材。當男人是這種健壯
的中胚型身材時，一般人都會將正向的人格特質與其連結，
例如強壯、樂觀、樂於助人、以及有勇氣（參照Kirkpatrick,
1978）。當我們了解社會文化對於男性體型的偏好時，自然
就可以了解男性為何努力追求健壯體型，以及對自己過胖或
過瘦的身材感到不滿意的現象。

　　因為西方世界認為男性代表著權力、力量以及攻擊等有

力量的特質，所以具有肌肉之體型便成為男性的理想體型。Mansfield 與McGinn（1993）認為，男性化與肌肉經常是相伴而行（p.49）。Mishkind與他的同事（1986）整理了相關文獻，發現大眾對於具有肌肉之體型給予較多男性化的評價，並且也將它與「積極」、「勇敢」以及「好鬥」等刻板印象連結在一起。雖然具有肌肉的體型與男性化有明顯的關係，但是過於發達的肌肉則不被這個社會接受，過度發達的肌肉會讓人感到厭惡、不自然（St Martin & Gravey, 1996）。這個文化理想的體型是勻稱且自然的肌肉，而不是過度發達的大肌肉（Mansfield & McGinn, 1993）。

（譯註：過去對於體型的分類可分成中胚型、外胚型與內胚型，不同體型則有不同的性格。中胚型所指的是身材中等的個體，外胚型是過瘦的個體，內胚型則是肥胖的個體）。

身體滿意度的評量

對於男性身體的評量方法，大多是與女性相似。在這裡，我們也將之用於評估男性對其身體（不）滿意的程度。

輪廓法

在採用輪廓法探索男性們對自己身體的滿意度時，有一些有趣的發現。April Fallon 與Paul Rozin（1985）讓248位美國大學生看九張男性身材的輪廓（圖4.1），並請他們找出那

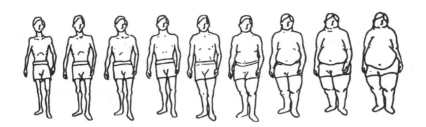

圖4.1　男性身體輪廓評估表
來源：Adapted from Stunckard *et al*., 1983, with permission.

一張圖片最接近自己目前的身材、他們期待的身材以及女性
所欣賞的身材。

　　結果發現，「男性的標準身材」、「女性偏好的身材」
以及「自己目前的身材」，其間並無顯著的差異。Fallon與
Rozin認為，男性對於自己身材的知覺方式讓他們容易保持
滿意狀況，這也是為什麼美國男性的節食、厭食症與暴食症
的發生率比美國女性低。在美國最近的研究也得到類似的結
果（Zellner et al, 1989; Lambet al, 1993），Marika Tiggemann
（1992）在澳洲的研究也有類似的發現。但是這些研究還是
有一些缺失，因為他們所看的現象是以樣本的平均得分來
看。女性對於自己身體的不滿意程度大多是因為過重，但是
男性則是有些人因為過重，但有些人是因為過輕。由於平均
值的關係，使得這些傾向過重或傾向過輕者平均之後，其目
前體型與理想體型便無差異了。所以，我們在分析時，應該
要考慮個人理想與現實體型之間差異的絕對值，這樣就可以
同時分析認為過重的群體以及認為過輕的群體，他們的不滿

意程度。

　　Marc Mishkind與同事們（1986）在進行分析時，就採用絕對值的策略。當他們拿相似的體型輪廓圖形給擔心過胖以及擔心過輕者看時，結果發現75%的男性認為自己的身材與理想的身材有差距。大約有一半的人希望自己壯一些，而另一半則是希望自己瘦一些。因此我們可以發現男性與女性在採用體型輪廓法上的差異。女性在選取理想體型時，大多會選比自己目前瘦的體型。但是，男性則可能選較壯或較瘦的體型。不論是想要自己壯一些或瘦一些，都表示自己對自己體型的不滿意。當我們直接採用平均數時，這個現象也就消失了。Mishkind et al的研究資料顯示，有相當大比率的男性對自己的身材不滿意。

問卷法

　　大部份測量個體身體滿意度的問卷都是針對女性，且題目內容多與男性的身體滿意度無關（Thompson et al, 1990）。但在這些題目中，有些題目還是可以男女通用的。例如，Thomas Cash et al（1986）所編的多向度身體與自我關係問卷（MBSRQ），其中有一系列的身體部位滿意量表，研究者可以從中確認男性與女性對身體不滿意的部位。在1986年，Cash發現有34%的男性普遍對自己的外表感到不滿意，41%對於自己的體重、32%對於自己的肌肉、28%對於自己的上半身、50%對於自己的軀體以及21%對於自己的下半身感到不滿意。在1970年代的研究發現，15%的男性普遍對自己的

外表感到不滿意，35%對於自己的體重、25%對於自己的肌肉、18%對於自己的上半身、36%對於自己的軀體以及12%對於自己的下半身感到不滿意（Berscheid et al, 1973），這顯示目前對於自己外型不滿意的男性明顯增加。由此來推，80年代的男性應該比70年代的男性還要對自己的外型感到不滿意。Marc Mishkind（1986）與他的同事發現，在80年代，男性對自己的身材與外型之不滿意較爲極端。在美國大約有95%的男性，對於自己的某部位感到不滿意。

　　在最近的研究，Clare Donaldson（1996）請英國Manchester 大學中的100名男學生（年齡分佈18-43歲）填寫身體意象問卷，這群大學生有85％爲白人，平均年齡爲28歲，身高從五呎四吋到六呎六吋，體重從109磅到250磅，結果發現他們與Cash（1986）的樣本相比，對自己的外型較滿意（27%對於自己的體重不滿意）。然而在這群學生中，38%對於自己的肌肉、37%對於自己的上半身、28%對於自己的軀體、以及25%對於自己的下半身感到不滿意；但問及對整體身體滿意度時，只有10%對於自己外型不滿意，65%喜歡自己目前的樣子。此外，問及他們是否因自己的外型而感到難過時，只有47%表示從不會因此而感到難過，有4%則是經常因此感到難過。這樣的結果顯示，男性整體而言較女性對自己的外型感到滿意，但男性還是對自己的外表或體型有些不滿意。

　　在一些研究中，發現英國男性對自己的體型有較高的不滿意程度。在「男性的健康」雜誌所做的調查，發現在1,000

名讀者中，有75%的人對自己的體型感到不滿意。大部份的人希望自己能夠壯一些。有一半的人擔心自己變胖、變老以及變醜（Chaudhary, 1996）。對於這樣的研究結果可能的解釋是，「男性的健康」這本雜誌的讀者可能本身對自己的外型較敏感，所以並不能代表全英國的男性。雖然如此，我們還是可以發現對於那些想擁有健康生活的讀者而言，他們是相當在意自己的身體意象，而具有結實健壯的身材是他們的理想。

在本書最近所進行的研究中，邀請100名來自Gainesville, Florida等地之心理系大學生，包括Renee Schert, Melissa Warren, Damien Lavalee, Timothy Ford, Rhonda Blackwell 與 Harry Hatcher等社區大學。他們的年齡分佈爲16－48歲（平均23歲），身高爲五呎（152公分）到六呎五吋（195.6公分）（平均180公分），體重118磅（53.5公斤）到275磅（124.7公斤）（平均爲78.5公斤）。這些大學生對於自己外型的看法中，只有6.3%的人對自己的身材感到不愉快（這比例較Donaldon's 對英國男性所作之研究稍低）。但是有72%的人認爲當他們具有更多肌肉之後，他們會更加滿意自己的身材，80%的人希望自己能強壯，只有22%的人希望自己更瘦些。這與Donaldson在英國的研究相似，顯示這些男性都希望自己更有男人味，肌肉更健壯。當尋問他們是否願意使用藥物來改變自己身材時（譯者註：在台灣有些人會使用肌酸與高蛋白食物來增加自己的肌肉），3%說他們曾使用一些固醇類的藥物，來讓自己更有肌肉。這比例比預期來的高，可見在

這群人口中，固醇類藥物的使用相當普遍。受訪者中有90%經常運動，其中有55%愛打球（橄欖球或籃球），18%做有氧運動，68%重量訓練，36%走路、騎腳踏車等簡單休閒運動。當尋問他們為何運動時，28%是為了健康、41%是為了體重或身材或外表、21%是舒解壓力、有30%是為了社交。這些結果與Donalsdon對英國男性所作之研究互相驗證顯示，這些男性基本上相當在意自己身材是否健壯，他們會採取一些行動來讓自己的身材更好，例如運動（大部份是讓自己身材更好）、節食（通常是健康飲食，如素食）、或控制飲食，只有少部份的人利用減肥藥與固醇類藥物來改變體型。

　　Franzoi與Shields（1984）發現，可以從三個向度來評估男性對自己身體的滿意度：外表吸引力（臉與臉部特徵）、上半身的健壯度（二頭肌、肩膀寬度、手臂與胸膛）、身體狀況（精力、體重以及體能）。Adrian Furnham與Nicola Greaves（1994）利用Franzoi 與Shields的身體自尊量表，對47名英國男性施測（大多是大學生，平均年齡為18-35歲）。受試者跟據十點尺度（0分為十分不滿意到10分為十分滿意）分別評估了對鼻子、嘴唇、腰、大腿、耳朵、二頭肌、下巴、屁股、肩膀寬度、手臂、胸部、眼睛、臉頰、小腿、腳掌、軀體、體毛、臉部以及體重等部位的滿意程度。他們並且用十點尺度評估對每部位企圖改變的強度（attempt to change）。這些男性對於他們的二頭肌、肩膀寬度以及胸膛感到最不滿意，並且最想要改變它。這樣的發現也呼應了理想的男性體型—寬大的肩膀、豐厚的胸膛、以及結實的手

臂。

一些證據顯示，男性的自尊（self esteem）與他們對自己身材與外型的感覺息息相關。Mintz與Bets（1986）發現，不論在男性或女性，身體滿意度越高，他們的社會自尊（social self esteem）也越高。當然，相關並不能當做因果來推論，是高身體滿意度導致高自尊，或高自尊導致高身體滿意度呢？很明顯，此一現象不論男或女皆相似。一些研究者認為，是高自尊導致個體對自己的身體更加滿意（Ogden, 1992），而身體滿意度也有可能是自尊的一個自變項。

訪談法

問卷法的限制是，我們只能評估個體的不滿意程度，但是無法追尋其原因，以及身體不滿意度對他們生活的影響。Jane Ogden（1992）利用訪談法，讓受訪談論他們的身體，其結果相當有趣。她發現，受訪者都可以清楚地勾勒出男性的理想體型。男性理想體型必須是，高、健壯、寬大的肩膀、「V」字型的背影、結實的下半身以及扁平的小腹。男性相當強調健康與體能，而且將結實、有肌肉的身材與有自信、有自制力連結在一起。這跟對女性的訪談相似，女性所強調的苗條也與有自信、有自制力有關。

一項在Manchester Metropolitan大學所進行的研究中（Grogan et al, 1997），Clare Donaldson訪談了四名男士（年齡19-25歲）有關他們的身體意象。這些男士都同意健壯與具有肌肉是理想的身材。具有肌肉與健康連結在一起：

男士1：這是一種大家對男性的刻版印象，不是嗎？一
　　　　種……

男士2：這就是現在的潮流。

男士1：有型的下巴以及完美的胸膛。

男士2：有肌肉的身體。

訪員：你們都沒說到哪一種身材是完美的身材，在你們
　　　　心中哪一種是完美的理想體型呢？

男士3：有型與健康

男士2：結實。

男士1：身高不是問題。如果你看起來結實的話，那就
　　　　夠了。

男士2：看起來有型、結實、健康且強壯。

　　這些標準體型與文化所認同的理想體型相近，也就是相
當結實的中等身材。

　　這些男士都認為靠自己的努力就可以達到理想身材（例
如運動），但是他們並沒有動機去運動，因為他們認為改變
身材對他們並不是這麼重要且必要的事。他們認為女性會花
很多心力去改變她們的體型，但是改變體型對他們而言並不
是那麼重要。

　　訪員：你們有沒有看過一些雜誌呢？會不會希望自己的
　　　　　身材跟雜誌上的人一樣呢？

　　男士1：我想大部份的男生都會希望吧！如果我們願意
　　　　　花時間與心力的話，也可以變成那個樣子。

男士2：如果我們會因體型而感到困擾的話，我們可以
　　　　去健身。

男士1：雖然這不會讓我感到困擾，但我還是可以花一
　　　　些時間心力去改變。只是，到最後還是自己太
　　　　懶了。我不會對此而感到困擾的。有很多女生
　　　　可以風雨無阻地去跳有氧舞蹈或去健身房。

　　大部份的男士都同意外表會影響到他們的自尊。他們將
好看的外表（身體具有結實的肌肉）與個人自信、在社會裡
擁有相當權力連結在一起。

訪員：你覺得你的外表會影響到你的自尊嗎？

男士1：絕對會！如果你看起來像「豬頭」，你自然也覺
　　　　得自己是個「豬頭」。在面對陌生人時，如果你
　　　　覺得自己是個帥哥，自然就會有自信囉。

　　在以青少年為主的焦點團體中，Helen Richards邀請了
Kent區高三16－17歲的學生，建構了兩個焦點團體（Grogan
et al, 1997）。整個討論過程由訪員利用問題來引導討論方
向，所有受訪者主要談論他們的身體意象。這些年輕人相當
清楚地表示：具有肌肉是理想的體型。其中一些人希望自己
能夠有更壯的肌肉：

青少年1：我希望（我的身體）能夠更壯……能夠重一
　　　　　點。

青少年2：我希望肌肉能夠更壯。

青少年3：我不喜歡自己太瘦小。

青少年4：我不喜歡自己太胖，我希望能夠有更多的肌
　　　　　肉。

　　這些年輕人都希望自己能夠更壯，以符合傳統的理想體
型。追求強壯的肌肉與怕變胖似乎是兩個不同的現象。變胖
經常與缺乏意志力、缺乏掌控力連結在一起。

青少年2：如果你家有一個人變胖了，你就會想，我會
　　　　　跟他一樣嗎？我不想要跟他一樣，於是你也
　　　　　會努力地避免成爲胖子。

青少年1：胖子，常常會被嘲弄。如果你變胖的話，你
　　　　　就會畏首畏尾的。會有很多對你的評價。

　　有兩個覺得自己胖的青少年（雖然體重都是正常體
重），他們提到他們如何被嘲笑，而且會因爲自己的體重而
感到困窘：

青少年5：我不在意自己太瘦，但是……

青少年6：我也不擔心。

青少年5：我們大部份喜歡自己胖胖的樣子〔笑〕，而且
　　　　　比賽看誰的肚子比較圓〔笑〕。

訪　員：這是什麼樣子的比賽？

青少年6：我不知道，這也是一種僞裝的方式。

青少年5：這隱藏了我們自己的擔心。我認爲我們都對
　　　　　自己很擔心。如果我們的生活型態會讓我們

自己變胖，我們會隱藏自己的擔心，假裝我們喜歡這樣。

這些年輕人都很在意別人怎麼看他們，如果他們太瘦了，他們會希望自己更壯；如果自己太胖了，會希望自己瘦一些。當詢問他們是否會感受到來自外界對他們外型的壓力，他們都能感受到他人的眼光。而這些壓力主要來自同儕團體。他們說明了同儕是如何批評他們的身材。

青少年4：我對他人所說的話感到很困擾，尤其是那些有話直說的人。這些話真的很傷人。你想，我會喜歡這樣嗎？我可以改變這樣的事實嗎？

青少年1：他們都說我好像「吹脹的氣球」（就是胖的意思）。這相當傷人。所以我不再吃巧克力了。

在與同儕相較之下，他們會希望自己跟同儕的身材相似，其中有些受訪者會希望自己跟別人一樣壯：

青少年4：我希望自己更高大些，因為我哥哥已經有了182公分，而且跟同學相比我也較矮，這讓我感到壓力。

青少年2：如果你有朋友比你還高大，你也會想要跟他們一樣。雖然自己不會採取什麼樣的行動，但是會把它一直掛在心中。你會希望擁有那樣的身材。

在女性團體中，很難聽到她們與同儕間的比較。

這些男性都只願花一點心力在改變自己的外型上。

> 青少年4：雖然身材高大很棒，但我不會因爲自己瘦小
> 　　　　而有困擾。
> 青少年5：我不在意我的外表〔看起來像齊本德爾（18
> 　　　　世紀的家具設計家）的舞蹈馬戲團〕。但是我
> 　　　　不希望別人這樣看我。

　　肌肉線條與肌肉大小對於這些男生都相當重要。Franzoi
與Shields（1984）認爲，擁有好的肌肉線條是具有男性魅力
的要件。男性大多拿自己跟同儕進行比較，希望自己的體格
跟他們一樣，過瘦與過胖都是一個大問題。Jane Ogden
（1992）認爲，大部份的男性都希望自己是中等身材，不希
望自己太突兀。在訪談中，我們可以發現他們對外表的感覺
與個人自尊緊密結合，但對此還未有定論：

> 　　男性的體重與身體魅力是兩件事。當思考自己的價
> 值與外在魅力時，並不會考慮到體重。
>
> 　　　　　　　　　　　　　　　　　　（Ogden, 1992：84）

　　在Clare Donaldson的訪談資料中，個體的身體意象會影
響到個體的社會互動與自尊。然而他們並不會花太多的心力
去改變自己的外表。這與Jane Ogden與Helen Richards的訪談
資料相符合，他們發現這些男性對自己的體型不滿意，但是
不會將不滿意化成行動來改變自己。這個議題將在下一節深

入討論。

身體不滿意度的行為指標

節食

與女性相較，男性甚少節食。在一生之中，男性大約只有25%曾經節食過（Rozin與Fallon, 1988），而女性卻有95%曾經節食。此外，只有2%的男性是體重觀測者（Weight Watchers）（Ogden, 1992）。

Clare Donaldson（1996）對英國大學生所進行的研究中發現，有20%的大學男生曾經節食過。其中有11%表示「很少」節食，4%表是「曾經」節食過，4%表示「經常」節食，1%表示「總是」在節食。在美國，男性大學生的節食比率比英國還要高。在本書先前提到的Gainesville與Florida等地所進行的研究中，發現40%的人曾經節食過。當問到他們怎麼節食時，14%反映是減少食物攝取。其他人則是多吃蔬菜、水果並減少脂肪的攝取，這比較像是健康飲食而非減重飲食。在一些男性雜誌中（如GQ, Esquire, FHM 以及Men's Health），大多提倡低脂飲食，計算卡路里的攝取，並且強調要看起來好看而非只是苗條。在1997年五月的「男性的健康」（Men's Health）中特別編了一個專刊：「讓你看起來更好看的飲食」，此文強調低脂食物的攝取，以及強調低脂食物的好處：

有一個更好的身體，你看不見你多毛的身體，要注意的
是你的腰。

（Cremer, 1997：49）

對於一些比較在意自己健康的男性而言，他們似乎比一
般男性較有可能去節食。在男性的健康雜誌的調查中，十分
之六的男性反映自己曾經為了減重而減少食量，而且大多數
的人都成功地減輕重量了（Chaudhary, 1996）。然而，這本
雜誌的調查並不能反映所有男性的心聲。對於大多數的調查
來說，男性節食比率多比此一調查來的低。

節食一般來說常見於女性（Brownmiller, 1984），而且她
們並不希望自己的身材變得健壯。所以，男性節食的比率偏
低，是預料中的事。男性比較傾向吃的更健康（例如減少脂
肪的攝取量），而不是減少卡路里來讓自己更苗條。

整型手術

男性接受整形手術來改變外表的人數有增加的趨勢。在
Harley 醫療聯合診所的報告中，發現在1983年到1996年之
間，接受整型手術的男性有明顯的增加（Wilson, 1997）。進
行最多的整形手術是整鼻手術，其次是胸部增大以及胸部肌
肉修飾手術（Harley聯合診所每週至少進行兩次男性整型手
術），還有腰部抽脂手術也是常見的手術。Belvedere診所的
報告中說，在1989年他們的整型病患大約只有10%是男性，
到了1994年增加到40%（Baker, 1994）。到Belvedere診所的男
性大多是在胸前注入矽膠或抽脂。很明顯的是，接受整型手

術的男性在1990年代可說大幅增加，但人數還是比不上女性。

運動

在Clare Donaldson（1996）的研究中發現，65%的人回答說他們會靠運動來改變他們的外型（身體意象）。與改變身體意象有顯著關係的活動，主要有體重控制、健身，這些活動除了可以改變一個人的肌肉狀態之外，線條更好看而更接近理想的健壯身材。Peter Baker（1994）發現，在英國有500,000的男士，經常以重量訓練來維持身材，而且有越來越多人利用類固醇來增加運動的效果。

在1996年，Paul Husband跟我針對健美活動進行研究。我們在Manchester的健身房中利用深度訪談及問卷，訪談了10名正在健身的男士（年齡為20－30歲）。他們的身高為五呎十吋（172.8公分）到六呎三吋（190.5公分）（平均身高為177.8公分）；體重為58.1公斤到108公斤（平均為80.7公斤）。他們大多規律性地接受重量訓練，雖然其中有一個人是最近才加入健身俱樂部的，但是他也是幾乎天天進行健訓。當我們尋問他們是否有採取其他方法來改善身體意象時，其中有四個人說他們節食、一個說他改為吃素、五個人戒酒、有三個不吃外帶的食物、三個固定慢跑、四個做日光浴、有一個使用日光室（讓自己的膚色呈現古銅色）。這個族群的節食率比一般人高（大約為40％）；在Clare Donaldson（1996）對大學生調查中有20%曾節食（與健身者

調查之年齡層相同），Fallon與Rozin（1988）的調查是約25%
曾節食。事實上，這個結果並不會令人太過訝異，因爲重量
訓練者，爲了達到良好的脂肪與肌肉的比率，飲食上的調整
有其必要性。對於專業的健美人員，他們會努力地減少體脂
肪，讓肌肉更加明顯（Francis, 1989）。

　　他們明顯對自己的下半身較滿意，並了解那些活動可以
讓他們對自己的外型感到滿意（Cash et al, 1986; Donaldson,
1996）。一般而言，他們對自己的身高、體重、上半身與下
半身以及整體外表略感滿意。

　　當問及他們是否想要跟雜誌上的模特兒一樣時，一般來
說他們回答「有時」會希望能跟這些模特兒一樣（問卷選項
由「從不」至「總是」）。但是，當問及他們對自己外型的滿
意度是否受到這些模特兒的影響時，大部份的人都認爲沒有
受到影響，而且不會因而產生動機去改變自己的外表。或許
我們的問法有些問題，因爲我們問的是一般雜誌上的模特
兒，對於這些健美人士，這些模特兒的體型並不是他們追求
的體型（具有肌肉）。當訪問這些健美人士時，我們應該選
用那些可能會增強他們努力訓練肌肉動機之具有肌肉的男性
當作比較對象：

　　當我在健身時，看到那些肌肉相當發達的人，我會
感到有些自卑、有些嫉妒，有時會有些氣自己，爲什麼
我不能練的跟他們一樣呢。這會讓我更努力使自己更強
壯。

當我看到一個有健美身材的人時，就想開始進行重量訓練；看到Gladiators在電視上時，我會開始想要跟他們一樣，也就開始增加重量訓練的磅數了。

這樣的結果顯示，當這些參與健身的男士與肌肉強壯的人做比較時，為了避免使自己相形見絀，會促使他們決定進行重量訓練。所有的受訪者都描述，當他們在健身房看到其他肌肉更壯的人時，自己心理不舒服的感覺，而這種感覺如何引發他們想增加更多肌肉的動機：

> 我記得有一次，我正在舉17磅的啞鈴，我心中想自己做的相當不錯。就在此時，有一個肌肉相當強壯的人走進來活動，他龐大的身軀對我產生很大的影響。我想你也知道，從那之後我便覺得自己很沒用，好像廢物一樣。這讓我覺得自己應該變得更加強壯。他們對我的影響很大，當我離開健身房後，我就把腳踏車鎖起來，改成慢跑回家。想想，我真得可能走了冤枉路。但你知道我看到的嘛，並不是他而是那肌肉，那是我多麼渴望擁有的。這樣的想法一直盤據在我心中。

當這些人肌肉開始增加時，他們的反應相當有趣。他們的反應一般來說相當正面：

> 一些健身者或有點壯的人就像我一樣，我們的照片會貼在健身房中。你知道呀！他們會把我放在很明顯的地方，在這裡有很多強壯猛男的照片，而且他們會覺得

這個人很壯。你會覺得沒有什麼會困擾著你，而且我開始覺得自己更有信心了。（譯者註：在一些健身俱樂部中，會放一些健美先生的照片）

　　我的朋友與家人，在健身房的朋友，你知道，在健身房會遇到他們，那是一件很棒的事。在健身房會認識許多朋友，因此我大部份的朋友也都在健身，雖然有些人並沒有到健身房來訓練，但是他們還是對我報以羨慕的眼神。在那裡，我可以在很短的時間，完成我想做的事。家人也是百分之百的支持我。

　一些健身者反映他們喜歡來自陌生人的讚美：

　　我發現，在假日的時候，大家都會互相關注，有時會用手肘輕碰你一下。他們從來不會給你過於負面的評論。大家都是給你正向的鼓勵。你有時會得到一些額外的評語：「你該開始重量訓練了吧！」或「開始了嗎？」。

　然而，外界對於健身文化的反應則是有些負面：

　　當我還是十八九歲時，大約是在聖誕假期左右吧。我在一家PUB喝酒，當時有一個人故意推我，還有人故意拌倒我。我就這樣摔倒了。

　　我發現其他人覺得我很凶狠，雖然我不是這樣的人。別人很少會正眼看我，我也不會跟他們說話。如果

在社交場合中，我都是沉默地坐在一旁。當我問別人
「你們談論到什麼話題？」我想你也知道，我常會遭到
他們的白眼。在酒吧中，我常會被推下樓梯。我覺得他
們因我的外表而認為我是一個兇猛的壞人。女生也會這
樣對我。她們只因為我長得太龐大而覺得我很凶惡，所
以都會避開我。或許是因為我使用類固醇，所以他們才
會覺得我可能很凶惡，具有攻擊性。

　　這些負面的反應，與一般社會對健身者的負面刻版印象
有關。Doug Aoki（1996）特別注意這些負面刻板印象的產
生因素：

　　通常我們都很小心不要去貶低任何一個少數族群；
　　但是，對於那些健身者，我們仍然很容易嘲笑他們的外
　　表，以及認為他們相當自戀。

（Aoki, 1996：59）

　　（譯者注：我們常嘲笑他人肌肉發達、頭腦簡單）
　　關於這些健身者所遭受的負面反應，是件相當耐人尋味
的事。我們一般都以為，這些具有肌肉的V字型身材的男
性，會受到社會文化的讚許。Alan Mansfield 與 Barbara
McGinn（1993）發現，在文化層面上，具有肌肉與男子氣
概有很強的關係。或許我們對肌肉男有一個接受程度，也可
能是一種自戀的表徵—我們將健美先生與自戀串聯—所以那
些肌肉過度發達的個體就會受到一些負面評價。當健美先生

般的肌肉已經超過社會可接納程度時，這些人的行為常會被冠上自戀的大帽子，而這樣的特質是不被男性接受的（Aoki, 1996），因為他們花太多時間在建構他們的身材。他們同時表現出有男人味（肌肉發達），以及女人味（身材曲線明顯）。而健美也是一種將身體物化的型式，這種物化與分隔身體的狀況常在女性的身上發現（Orbach, 1993），他們常被認為跟娘兒們一樣重視外表（Aoki, 1996）。這些健美先生經常被認為一點都不自然，特別是使用類固醇。

類固醇的使用

使用類固醇來增加運動員的表現一事，早已被證實（Ted Epperley, 1993的文獻回顧）。長期以來，健美人士便使用類固醇來增加肌肉。最早的文獻記載是在1950年代，蘇聯的舉重團採用類固醇來增加肌肉量（Strauuss & Yesalis, 1991）。在最近的研究發現，目前有許多年輕人為了擁有不錯的肌肉型態而使用類固醇。類固醇比重量訓練還要快速地讓人「長」肌肉。所以，對於那些渴望擁有更多肌肉的人來說，這樣的方法相當具吸引力。

目前在英國，我們很難了解這些非醫療因素的類固醇使用狀況。然而在健身房、健康俱樂部的健身者使用這類藥物的情形相當普遍（藥物依賴研究中心, 1993）。我們從最近英國的共享針頭（吸毒）的研究中發現，在這些族群中使用類固醇的人數超過25%（Shapiro, 1992）。在美國，其使用狀況更為普遍。一些研究認為，所有職業健美先生、舉重選手都

有使用類固醇的情形（Hough, 1990），而有些研究認爲健美者的使用率沒這麼高。一項在美國針對男性與女性的健身者所進行的調查發現，有54%的男性定期使用類固醇（Tricker et al, 1989）。對於青少年使用類固醇的狀況，也漸漸被重視。在美國進行的調查認爲，大約有7%的青少年使用類固醇（Gaitlin & Hatton, 1991），而Vaughn Rickert等人（1992）認爲青少男使用類固醇的比率應該更高，大約爲5—11%之間。

在我跟Paul Husband對經常使用類固醇之健身者所進行的訪談中發現，大多數使用類固醇的原因是重量訓練的效果太慢。有一個人說，他在六個月之內密集地進行重量訓練（重量由10塊啞鈴增加到13塊），並且使用高卡路里飲食，卻沒有無顯著的效果：

> 我一開始是用10塊啞鈴（譯者註：在國內一塊大約五磅），然後我在六個月內增加到13塊。我幾乎天天都去訓練，結果肌肉沒增大，增加的是脂肪。在接下來的三個月，我的情況並沒有進步，無法再增加任何啞鈴的重量了。

另一個人，他持續訓練了12個月，結果在健身房的其它人都比他還壯，使他感到相當挫敗。他知道這些人都使用類固醇，經過思考之後也決定使用：

> 你知道嗎？我已經進行訓練十二個月了。我看每個

人都比我強壯，在跟他們聊過以後，我也開始使用類固醇。我真的很需要它，它會讓我看起來更壯。因為其他比我壯的人都在服用，所以我很自然也想用囉。有為者亦若是，所以我也跟進了。

　　一些健身者因為健身俱樂部的老板之建議而使用類固醇，這樣他們就能在健美比賽中與人一較長短：

　　當我開始參加比賽以後，我就開始使用類固醇。我開始練習健身大約一年半，到了第二年，我想參加比賽，健身房的老板便建議我說，如果要參加健美比賽，你應該要服用類固醇。每次比賽的前六名，他們都服用過類固醇。為了能讓你跟他們一樣俱競爭力，你也必須使用。

　　我們訪談的全部個案都申明，由於受到健身雜誌、電視、電影中的影像影響，促使他們決定使用類固醇：

　　當我訓練越多，看的雜誌也越多。我希望自己真的能夠更壯。看到那些在電視上的那些人，自己就覺得很沮喪，為什麼自己不如他們，這樣的感覺也促使我決定使用類固醇。事實上，我使用類固醇的原因是看到那些比我壯的人。

　　當我看到電視上那些自己所幻想的優質男時，我就會想要用類固醇讓自己也能那樣。

　　有些人認為健身房的風氣會影響到他們使用類固醇的決定，因為類固醇容易取得，且大家都在健身房中討論類固醇：

　　在一些高階健身俱樂部中，你會發現那裡很容易拿到類固醇，你也會聽到大家都會討論它。你也知道，當你到那裡去之後，你會發現大家都會跟你討論類固醇，你也會更清礎那些是你可以使用的。因為整個健身房瀰漫有關類固醇的事，因此只要你進去健身，你便會受到影響。

　　關於類固醇對肌肉的效果，一般的反應都相當正向。這些人因為密集的訓練再加上使用類固醇，使得肌肉的強度與量都急速增加，其自信心也增加了：

　　很明顯地，它讓我看起來更棒，讓我覺得更好。它讓我達成夢想，我的肌肉明顯增加，使我更有自信、讓我感到安慰。

　　你知道嗎？我變的更強壯了。它讓我在兩方面感到更有信心。一方面，它很快地增加我對自己的信心；另一方面，在公共場合中，我感到更加喜歡自己了。

　　當然，這些大肌肉並不一定都受到歡迎。有一個人就說，當他離開健身中心時，他會掩藏他的肌肉：

　　我在街上會穿寬大的衣服，讓自己看起來瘦小些，

由其是那些黑色的大T恤。當大家注視我時，會讓我感
到相當不自在。當我相當壯之後，一些人就會在我身後
指指點點。這讓我感到相當困擾。

　　我們在訪談的過程中，探討有關「單純使用類固醇可以
讓肌肉增長」的迷思是極需要的，他們更進一步地流傳使用
量與增長肌肉量的關係，並且說明最佳用量，甚至類固醇也
被當作催化劑來使用：

　　　　並沒有藥物可以讓你變成健美先生。談論類固醇的
　　這些人，往往沒有進行過任何的重量訓練。他們不了
　　解，要更強壯的基本要件是健身。他們只是看到這些健
　　美先生的成果，以為使用類固醇即可創造健美先生。他
　　們並不了解這些人先前的飲食控制、重量訓練以及投注
　　的心力。

　　當我們開始強調「自然」美時，在我們文化中也開始瀰
蔓著對於「人工美」的歧視。Gaines與Butler（1980）認為大
家並不崇尚健美，因為他們認為這不自然：

　　　　這些肌肉好像是從模子裡做出來的，這些人的所作
　　所為以及外表給人的感覺，像是合成、不健康、不自
　　然，就好像人造花一樣無用。

　　　　　　　　　　　　　　　（Gaines & Bulter, 1980：76）

　　我們所訪談的健身者，他們急於告訴我們要維持這樣的

體型必須做多少努力，那些肌肉是靠自己的努力自然地產生，類固醇只像是催化劑而已。他們強調肌肉是練出來的，而不是靠類固醇產生的，一切都靠辛苦運動得來。想要擁有傲人的身材必須靠自己的努力，他們對於外界認為光靠服用類固醇就可以具有強壯的肌肉之事感到忿怒。當一個人的肌肉是靠外在藥物而不是自己的努力來形成時，自然就會跟Gaines與Butler所提的「可恥」、「無用」串連在一起。大部份使用類固醇的健身者，他們都會說除了類固醇以外，自己的努力投入是必要的。

成長激素

成長激素（HGH-Human growth hormone）是由腦下垂體所分泌，主要功能為促進個體的成長。在1985年以前，我們只能在屍體上收集成長激素。到了1985年，隨著基因技素的發展，我們可以利用DNA去合成這些激素，因而開始使用人工成長激素。人工成長激素的功用主要在於促進組織的生長，以及促進蛋白質的合成，並促進個體身高、體重與肌肉的增加（Caitlin&Hatton, 1991）。在醫療上，這些激素往往是用來治療成長激素缺乏的兒童，例如侏儒症。這些激素的實施，可經由口服與注射兩種方式，並且經常被用來處理骨質疏鬆症，另外也可以加速骨折後個體的骨頭成長（Epperley, 1993）。相伴而來的副作用有心臟疾病、陽萎、肌肉無力、前額下巴等處骨頭突出。在使用注射時，也可能因共用針頭而增加HIV／AIDS的感染機會。我們無法從個人的尿液中測

得成長激素，而且奧林匹克運動管理委員會也沒有將它列入
禁藥。

　　在早期的研究中發現，有些年輕人利用成長激素來增加
自己的肌肉。他們認為成長激素可以增加肌肉與強化肌肉，
它不像類固醇，停藥後肌肉的發展便停滯，另外它也可以減
少在重量訓練時的肌肉過度緊繃（Rickert et al, 1992）。一些
健身者與舉重者宣稱，他們在服用成長激素後，肌肉增加了
30-40磅；使用它的人一般都同意自己的肌肉量很明顯增
加，即使肌肉的強度沒有明顯增加，但還是可以增加肌肉的
量（Epperley, 1993）。因此，成長激素的使用只能增加肌肉
的美觀，並無法增加肌肉的強度。

　　Rickert與他的同事（1992）針對美國高中生進行成長激
素使用狀況的調查。該研究的重點為，成長激素的使用率、
成長激素的使用與類固醇使用之間的關係、以及相關訊息。
在208位青少女當中，只有一位因醫療需要而使用過成長激
素；在224位青少男當中，有11位（5%）使用過成長激素。
他們第一次使用成長激素的年齡為14-15歲之間，大部份的
人也同時使用類固醇。有關藥物相關訊息的來源差異很大，
大部份的人都是聽別人說的（例如體育教練），而不是從朋
友介紹或電視媒體，而且這些訊息大多是口耳相傳、以訛傳
訛。大部份使用成長激素的人並不清楚藥物的副作用。研究
者認為，成長激素的使用在年輕族群中是一個重要的議題，
因為身體意象是青少年重要的議題，所以對於每種可以改善
外表的訊息他們都會相當關切。

男子氣概（masculinity）的社會建構

　　Frank Mort（1988）發現，年輕男性的文化開始有了變化，他們開始注意男人的外表了。廣告媒體開始對這些年輕男性感到興趣，男性比以前更重視外表：

　　年輕人也開始「販賣」他的外表了，這完全打破了
　　傳統男子漢的形象。他們對自己或他人的外表感到興
　　奮，就好像消費者看到一件他們渴望的物品一樣。

（Mort, 1988：194）

　　Mort認為這樣的改變對相當明顯，這讓我們重新思考什麼是「男子氣概」。他將焦點放在Nick Kamen為Lee牛仔褲所拍的廣告「Launderette」，這張照片顯現出四十年前的標準拍攝手法，所呈現的是男性對女性的誘惑；而現在的目標群不再是女性了，反而是男性。對於這些照片，他感到有些不舒服。有趣的事，太陽報（sun newpaper）也對一系列的Levis廣告感到不舒服，這廣告出現詹姆士龐德（James Mardle）在浴缸內穿著Levis牛仔褲，然後展開一場龐德式的愛情故事。很明顯的，這些男性模特兒的廣告打入主流市場時，使這些報社主編產生了衝突。Mort認為，當這些男性模特兒被大家接受時，也促使男性重視自己的外表，開始希望自己看起來跟別人不一樣，更會重視自己如何有自己的風格、穿著也要有自己的品味。然而這樣的知覺對於女性而言，並不一

定都是正向的反應。「新男人」可能會更注意自己的外表，但還是會重視男子氣概。當我們看到Levi's牛仔褲廣告的男主角時，他所呈現的是一個男性英雄如何拯救一個傳統的女性（甜美的女孩、豐腴女士、喋喋不休的太太和一個癡癡笑的女孩）。新男性的形象可能只是過去男性形象的新版本，但是女人的角色還是沒改變。

Rowena Chapman（1988）針對這個主題深入探討過，她認為「新男人」（有教養、有些自戀）受到1980年代早期的流行風格影響（男人應該像古羅馬時期的勇士）。文化風氣開始允許男性注意自己的外表，並且會打扮自己讓自己更有男人味。她認為「新男人」並非脫離傳統的男性角色，就像約翰韋恩（John. Wayne）式一樣，他們只是更突顯自己的男人氣息，而非改變自己的權力角色。當然，對於女性主義者，「新好男人」則不只是突顯男性特質，還要進融入新的角色。（譯者註：目前的新好男人則要兼俱傳統女性的角色，會煮飯、會做家事）。

　　這讓我想到，新男人並沒有太大的改變，只是發展出更適合的男性氣概。男性特質開始改變了，但是權力的掌握還是沒有改變。當女性主義與社會變動相結合時，男性的角色認同自然就受到挑戰，但是新的男性角色好像又被現存的權力結構所動搖。一種混合男女性特質的新好男人應該更適合在目前的環境中。

（Chapman, 1988：235）

1
2
2

Chapman也注意到西方文化中男性特質的演進，最近更將焦點放在男性的外表上。她認為女性對自己性的自主之後，導致如Athena出品的商品將男體呈現於卡片、明信片、月曆的市場增加。Athena出品的「L'enfant」名信片，上面就是一個肌肉發達的男士抱著一個嬰兒，這是在1980年代他們最暢銷的商品。當然，這一類的產品也銷到同志市場中。她發現，照片上的男士幾乎從不露出生殖器，而是以陰莖的崇拜物來取代。現在的裸男則是用一瓶香檳遮掩下體，或者用一些樂器（如薩克司風）去遮掩。雖然現在男性跟女性一樣都有裸體圖片在市面上，但是與女性完整露出性器官不同，男性則是很有藝術味地做了一些遮掩，相對於女性，男性所呈現的是一種唯美。她認為女體還是被當做一種物品，而男體物化的情形較不嚴重，對於男性只是少了一些陽剛多了一些唯美。

摘要

◆ 理想的男性體格是結實的中等身材。
◆ 關於男性身體滿意度的研究發現，有相當比例的男性對於自己身體某部分的體型與體重感到不滿意。
◆ 對自己體型不滿意的男性，一半的人想要變瘦，一半的人想要變胖（女性則是每個人都想變瘦）。
◆ 男性主要不滿意的部位有軀體、二頭肌、肩膀、胸膛與肌肉線條。對於英美的男性而言，肌肉線條與肌肉量很

重要。

◆ 男性傾向用運動而非節食，來改變自己的體型。在問卷
　調查中，65%的英國男性與41%的美國大學生，他們都
　用運動來改變體型。

◆ 對健身者的訪談與問卷調查，顯示強烈的社會比較作
　用，健身者會拿自己跟其他健身者來做比較，藉此鼓勵
　自己努力訓練以發展更多的肌肉。

◆ 有一些人不顧類固醇的副作用，以及外界對此的負面看
　法，還是使用類固醇讓自己的肌肉能快速發展。

第五章　媒體的影響

　　本章將探討媒體對於身體意象的影響。大部份的理論學家都致力於了解社會壓力爲何可以讓個體（包含男性與女性）去追求所謂的標準體型。有關媒體角色與男性及女性身體肖像的關係受到廣泛的爭議。大部份的社會學者認爲，媒體反映了當時社會的標準。有些研究者更進一步指出，媒體所呈現的苗條體型確實影響男性與女性對自己體型的感覺。在分析媒體的相關訊息之內容時，我們可以發現媒體反映了與身體意象相關的社會價值觀。在本章，我們將分析媒體中男性與女性的身體肖象，並進一步地評估這些身體肖象對於觀衆的身體意象之影響。

媒體中的身體肖像

　　一般來說大家都同意，外界對女性體型所施予的壓力比男性還要強烈。在研究兩性體型肖像時發現，「體重」是兩性肖像的最大差異。進一步進行內容分析（分析在媒體上出現的每個影像），發現女性大多異常消瘦，而男性則是正常體重。Silverstein（1986）發現在33部電視劇中，有69%的女演員被評爲太瘦，而男演員只有18%太瘦。只有5%的女演員

被評爲過胖，但是男演員卻有26％。他也發現從1930年代開始，「Ladies Home Journal」與「Vogue」這兩本雜誌上的模特兒有越來越瘦的趨勢：

> 每天接觸大眾媒體的女性經常就曝露在「瘦」的訊息中，並且明顯地比男性還要瘦。並且在1930年代以後，女性也經常曝露在「曲線美」的訊息中。
>
> （Silverstein et al., 1986：531）

以年輕女性爲主的雜誌，大多還是以傳統的苗條身材來當做性感的表徵。Eileen Guilen 與Susan Barr（1994）分析了1970年代到1990年代的「Seventeen」這本雜誌中（爲美國女高中生喜愛閱讀的雜誌）所呈現的身體意象，發現它所呈現的是周圍文化所期待的纖瘦體型，不論是對青少女或成年女性。

特別要注意的是，最近媒體上所出現的大多是「美若天仙」的美人胚子。在1996年五月，歐美茄（Omega）手表請了模特兒（Trich Goff與Annie Morton）在「Vogue」雜誌上登了廣告，當時在英國掀起了熱烈的討論，因爲她們瘦的像厭食症患者一樣。Guardian報紙在5月31號，便引用Omega品牌經理的說法：

> 我認爲選擇這種有厭食症傾向的模特兒來拍廣告是一種不負責任的作法。這突顯了她們骨瘦如材的外表。Vogue雜誌的讀者大多是年輕女性，她們當然不可避免

地一定會受到這些廣告的影響。

（Boseley, 1996：1）

雖然歐美茄廣告相當引人注意，但是另一個議題產生了一纖瘦的女性模特兒成為主流。

一些研究者認為，這些影像對讀者的影響力很大，也催化了大家對於「美女」（成為有女人味的女人）的追求，而且也建構出「女人」的形象。Marjorie Ferguson（1985）以社會學的觀點來看女性雜誌。她認為女性雜誌有助於文化塑造女性對自己的看法，以及社會如何看待女性。有許多女性都在閱讀這些女性雜誌（英國成年女性有一半以上），而且一本雜誌往往是多位女性一起閱讀（以Vogue為例一本大約有16個女性閱讀），經常是好友傳閱、或者是在一些公共場合，如候診室、美容院。Ferguson利用內容分析法，隨機選取1949年到1974年間及1979至1980年間的雜誌（包含Woman's Own、Woman與Woman's Weekly），她探討這些雜誌的主題、目標與角色。她也訪談了34位女性主編，探討她們的角色、發行理念以及專業性，最後也談到社會變遷對讀者與雜誌的衝擊；另外也訪談了97位專欄作家、作者、以及出版商，談談他們對雜誌編輯歷程、發行組織、以及女性定期刊物市場的看法。她認為她的資料與Durkheim所寫的宗教社會學文章有關。她試圖用宗教狂熱的觀點來看女性雜誌所推動的活動。

我認為女性雜誌是一個推動女性美的組織集團，它

們推動並維持對女人味的崇拜。他們不只是反映了女性
在目前社會中的角色，也是女性建構自我意象的資訊來
源。

(Ferguson, 1985：184)

她認為媒體不只是反映目前的價值觀。跟據Ferguson 的
看法，女性雜誌藉由教導女性一些社會可接納的行為，改變
女性對自己的看法。

在1980年代到1990年代間，在英美的大傳媒體中，男性
身體漸漸被「視覺化」。Frank Mort（1988）與Rowena
Chapman（1988）發現，在英國的廣告上，那些肌肉長得不
錯的男性越來越普遍；Marc Mishkind與他的研究同仁（1986）
也發現，美國雜誌及相關媒體也強調男性的陽剛美。他們認
為媒體上所呈現的年輕、結實、具有肌肉的男性身體，反映
了目前社會對於男性身材的態度。那是因為，現今男性被要
求必須看起來結實且具有肌肉：

廣告讚頌年輕、結實、具有肌肉的男性身體，且男
性流行文化也有重大的改變。他們不但認同而且還強調
更具肌肉且結實的男性身體。

(Mishkind et al, 1986：545)

他們認為，當社會開始強調具有肌肉的強壯男性體型
時，會導致男性對自己身體不滿意度的增加，也讓他們的自
尊低落。

在1980年代末期以及1990年代，一些社會評論人員討論到媒體上男性影像的變化。Joan McAlpine（1993）描述目前廣告中描繪具有肌肉的男性之趨勢，並且認為男性面臨具有肌肉之強壯體型的壓力越來越強。她訪問了一些健美先生，以確認這樣的趨勢。

Peter Baker（1994）確認了社會對於男性應該具有肌肉且線條勻稱體型的壓力。他發現，在廣告或電影上越來越多所謂的性感男人（青春、英俊與肌肉），例如在Chippendales與 Dreamboys中的男性舞者。他認為這使得男性對於自己身材的自我意識越來越強烈：

> 目前男性對於自己外表的自我意識比過去任何時候都來得強烈，當男性曝露在媒體中的男性標準時，那會是什麼樣的變化？

（Baker, 1994：130）

Stuart Elliot（1994）在2月17日的領航員（Guardian）雜誌中，清楚地剖析這個趨勢，他說明了當1994年廣告首度採用男性模特兒為泳裝代言人的情況。事實上，這些男性的身體意象呈現，不論是質與量皆與女性不同。

傳媒理論模式

分析媒體內容的研究人員認為，這些內容會直接影響到觀看者，而且隨著訊息灌注的量越多，對觀看者的影響也越

大（譯者註：這也就是曝露量的分析，當個體對於某訊息的曝露量越多，而個體受到的影響也越大。這一類的研究所著重的重點在於多大的曝露量可造成最大的效果）。這也就是所謂的效果模式（Effects Model）（也稱爲劑量模式「Hypodermic Model」）。效果模式所著重的要點是，特定傳播訊息對於一般觀衆所帶來的影響，例如：媒體上的理想體型對於觀看者的影響。在研究進行上，首先請參與者觀看一些影像，然後研究人員進一步地了解這些影像對他們的態度、信念以及行爲上的影響。這個模式並沒有要求個體去解釋他們行爲上的改變，通常也沒有探討個體在改變上的差異；通常是假設實驗室的資料能類化到一般現實生活中。然而，在隔離實驗室中得到的結果，並不能類化到一般現實生活。最重要的是，參與者所處的實驗室是陌生情境，受到研究人員觀察，並且被要求觀看研究者所提供的訊息。研究參與者所處的狀況，與一般生活相當不一樣。這些在實驗室所收集到的資料，當然與一般生活中的現象有所差異。

對於效果模式的主要修正爲「使用與滿意模式」（Uses and Gratification Model）。這個模式著重在不同類型的媒體所產生的不同效果，例如個體如何利用媒體來建構自己的身體意象。這個模式源起於1940到1950年代，由Paul Lazarsfeld與Joseph Klapper等人所發展出來（Lazarsfeld et al., 1948; Klapper, 1960）。在進行本模式研究時，會詢問受試者偏好那一種媒體（如電視、廣播、雜誌等）。從討論他們所偏好的傳媒開始，進一步可以了解個體爲何會順從媒體而購買一些

物品，以及媒體如何影響他們的行為。Klapper（1960）認為，個體在傳播媒體中扮演著主動的角色，他們會過濾掉自己不要的訊息。這個模式強調人們在媒體中扮演主動的角色，他們會主動處理所接收到的訊息，而非被動的接受訊息。在這個模式之下，媒體以某些方式來滿足觀看者的需求（例如：娛樂節目以及比賽性節目，在國內最明顯的就是「靈異風」與「八卦風」）。這樣的解釋模式被廣泛使用，因為這使得行為與態度的改變由個體自己來負責，這對結果的解釋會有一定的效度。

　　事實上，我們並不需要一定要在這兩個模式當中做取捨，而是可以將兩個模式做一結合。我們將在研究中使用這兩個模式以獲得整合性的結果，在實驗法中，我們直接操弄受試者所接受到的訊息；在訪談法中，我們探尋受試者在態度、信念與行為上的改變。這方法結合效果模式的優點，有效地控制外在變項，同時也顧及生態效度。在研究中，我們也把受試者視作訊息處理的主動角色。即使個體受到這些影象訊息的影響，這並不代表他們在訊息處理上是被動的。個體有可能主動在媒體搜尋身體意象的相關訊息，主要是想評估自己的身材。與一些心理學理論的觀點相似，在這裡，個體是「主動地」利用傳媒訊息來建構自己的身體意象。

　　「使用與滿意模式」認為，在媒體上，雖然男性或女性看到某些訊息（影象），但是卻對他們一點影響也沒有，因為他們會主動過濾掉這些訊息。或許是他們太清楚這些媒體上的模特兒是不合乎現實狀況，所以那些影像不會影響到他

們的自我概念。最近的一些研究發現，女性開始批判媒體上的女性影像。Grey Advertising（葛瑞廣告）在英國所進行的調查發現，有68%35歲以下的女性希望廣告可以多強調女性的人格特質；在美國有72%認為廣告都是刻版印象中的女性，並且有69%的人認為那些廣告侮辱到她們的智慧（Armstrong, 1996）。在我們的訪談資料中（第三章），我們可以發現女性並不是毫無過濾地全盤接受媒體上的女性形象。她們也懷疑那些在雜誌或電影中「纖瘦」的模特兒或演員，她們真的就代表了「理想身材」。她們認為這些模特兒太瘦了，根本是不切實際的形象。

在探索這些資料的因果關係時（觀看媒體中的形象會影響到個體的行為），我們要看看媒體上的身體形象（苗條美女或肌肉男）是否對女性或男性的身體意象有顯著影響。如果這個影響效果明顯的話，我們就必須了解，個體是如何主動處理這些訊息。由此，必需了解他們接受訊息的狀況。當我們整合兩個模式的優點時，我們便排除個體在媒體訊息曝露中可能是被動的角色，而是他們可以主動說明他們在媒體訊息曝露中所接受到的訊息。接下來，我們必須評估媒體影像的效果，將以兩種最普遍的心理學理論，來探討媒體對身體意象的影響。我們將從訪談中來了解，媒體中的模特兒對我們所帶來的影響。

媒體影像的影響

心理學家認為，媒體藉由創造出一個參照標準讓個體進

行體型的比較，來影響到個體的自尊。例如：Adrian Furnham與Nicola Greaves（1994）認為，身體意象不滿意狀態的核心，是個體對自己身體的知覺與心中理想體型（女性是纖瘦，男性是肌肉發達）之間的差距。他們認為無法達到理想標準時，個體會產生自我批評、罪惡感以及低自尊。對於女性的影響較男性來得大，因為文化對於女性理想體型的要求遠比男性強烈。女性較常暴露於理想身材的訊息中，而且這些訊息都蠻明顯的。

　　在探討媒體影響力當中最具權威的心理學理論為，Festinger（1954）的社會比較論（Social Comparison Theory）與Markus（1977）的自我基模論（Self Schema Theory）。這兩個理論雖然對於行為的解釋各有其立場，但是他們都可以清楚地解釋個體的行為變化，並且認為個體在整個改變歷程中都扮演著主動的角色。我們將以實證資料加以驗證這兩個理論。

　　（譯者註：媒體影像〔media images〕指的就是在傳播媒體中所呈現的一些身體的影像，例如廣告明星、電視演員等在媒體上所呈現的影像）

社會比較理論（Social Comparison Theory）

　　在1954年，Leon Festinger發表了探討社會比較歷程的一項重要理論。根據他的社會比較理論，我們期待準確、客觀地評估自己的能力與態度。當我們無法直接評估自己時，我們就會經由與他人相比較，來評估自己的能力與態度。不利

的比較即是「向上比較」(upward comparison —比上不足—
找比自己優秀的人來比較)。有利的比較是,「向下比較」
(downward comparison —比下有餘—找比自己差的人來比
較)。這樣的比較歷程可能是無意識的,而且是無法自主的
活動(Miller, 1984)。

　　社會比較理論假設,人們以媒體上的身體影象當作標準
來進行比較。當我們以媒體上的模特兒為標準時,很自然地
就陷入了向上比較的歷程,當然也會產生相當多的不舒服
感,在這個歷程中,我們認為自己跟這些模特兒是同等階
層,並以他們當作評估身體意象的參照點(Major et al.,
1991)。

自我基模理論 (Self Schema Theory)

　　有關媒體影響力的另一個理論是自我基模理論,本理論
主要在於了解個體如何處理媒體的訊息內容;並且探討媒體
訊息如何融入影響個體的自我概念。Philip Myers與Frank
Biocca (1992) 修正了Markus (1977) 的自我基模理論,並
且將此一理論用來說明社會如何影響身體意象。自我基模是
個體的心理表徵,主要代表了「自我」這個概念。根據
Markus的看法,個體藉由觀察自己的行為、觀察他人對自己
的反應、以及與自我有關的社會外在訊息,來建構自我的概
念。Myers與Biocca認為,身體意象只是「自我概念」的一
部份。與自我概念的其他部份一樣,身體意象是一種內在心
理表徵,而不是一種客觀的評估,並且會因為新訊息的加入

而改變。他們認為身體意象是相當有「彈性」的，不是一種穩定的狀態，會受到社會的暗示而產生反應。他們發展了一個參照點模式，認為年輕女性會在自己的心中描繪出自己的身體意象（要注意的是，他們不探討男性與年長的女性）。這些身體意象有，「社會認可的理想體型」（在媒體中所呈現的標準模特兒），「內化的理想體型」（個體內化後的標準型體），以及「客觀的體型」。因為參照標準點經常會改變，所以個體的身體意象也是一種變動的狀態，會因個體的情緒、評估的情境、以及外在的社會訊息而改變。他們認為，如果個體的客觀體型與內化的理想體型差距過大時，個體就會產生自我批評以及低自尊的現象。他們認為，傳播媒體藉由創造出社會認可的標準體型，來造成個體理想與現實間的差距，也就是說個體因媒體的影響而將不合乎現實狀態的纖瘦形象內化成自己的標準體型。

相關實證研究資料

　　社會比較理論與自我基模理論皆可以說明媒體影像對於個體身體滿意度的影響：社會比較論認為，因為我們拿自己跟媒體上的模特兒進行向上比較，而導致對自己的身體意象感到不滿意；自我基模理論認為，由於媒體創造了苗條身材的理想體型，使得我們客觀的體型與想要的體型之間產生了差距，導致自尊降低的現象。而事實上，研究者直接分析媒體效果時，得到了不一致的發現。大部份的研究者，在女性觀看纖瘦模特兒之後（有時之前、之後都有）評量其身體滿

意度。有些人發現在觀看之後，個體的滿意度降低了；但有些人發現沒改變，甚至有一個研究發現滿意度增加了。

Richins（1991）請參與研究的女性觀看「身材苗條、比例適當」的模特兒廣告，結果發現她們對自己的身體滿意度並未受到影響。她認為，她只採用一個七點量表的題目來評估身體滿意度，可能測量不夠敏銳以至於無法測到滿意度的改變。

Lori Irving（1990）特別關注媒體影像對異常飲食行為者的影響。她找了162位由BULIT測驗評估有暴食症狀的女性（暴食症狀量表可以有效評估個體的暴食症狀，Smith與Thelen, 1984），讓她們觀看纖瘦身材、中等身材與過胖身材等三種身材的模特兒幻燈片，探討這些幻燈片影像對她們的影響。看到纖瘦身材的幻燈片之後，她們的自尊很明顯減低了，但在體重滿意度方面沒有顯著的差異。然而該研究並未進行前測，只用後測來進行比較（雖然各組在暴食症狀以及年齡方面無顯著差異），所以我們無法了解各組原先的體重滿意度是否無差異，以至於結果解釋不具信度。

Leslie Heinberg與Kevin Thompson（1995）探討電視上的影像對於身體滿意度的影響。他們請139位女性觀看10分鐘的影帶，分成兩組，一組看的影片與外表有關，而另一組看的影片與外表無關。在本研究進行前後並施予測量（身體不滿意程度），以了解個體是否有較高的身體意象困擾（Schulman et al, 1986：測量工具包含暴食認知量表—Bulimia Cognitive Distortion Scale、身體外觀量表—Physical

Appearance Subscale），以及對「瘦即是美」的社會態度是否有較高的接受或較強的意識（測量工具為Heinberg 與Thompson的外表社會態度問卷—Socila Attitude Towards Appearance Questionnaire）。結果發現，當個體看完與外表相關的影片後，她們對自己身體的滿意度顯著降低。那些身體意像困擾程度低於中位數者，他們的身體滿意度並未明顯改變。研究者認為，纖瘦的媒體影象對特定族群的身體意象有顯著的影響，當他們要評估自己的身體魅力時，這些人會將媒體上的模特兒當作社會比較的參照目標。在他們的資料中發現，他們認可以下這些想法：「在當今社會中，我們的外表要合乎某種標準」（覺察到社會對外表的態度）、「看到那些苗條女人的照片會讓我也想變瘦」（接受社會對於身材的態度）、「我的自我評價與我的體重有關」。對於外表的認知有所扭曲的人，很容易受到這些影像的影響。

Myers與Biocca（1992）進行一項特別的研究，他們邀請了76位18-24歲間大學女生，請她們觀看與身體意象相關的影片或中性無關的影片。在觀看影片後，參與者就填寫情緒量表以及用第三章所提到的光柱法來評估自己身材的大小。他們發現大部份的女生都高估自己的身材。當個體觀看30分鐘與身體意象相關的廣告影帶後，她們對身體大小的評估以及情緒狀態皆受到顯著的影響。在他們的研究中，還有一項驚人的發現，這些與身體意象相關的影片，會降低個體對身材的高估程度以及個體的憂鬱程度。Myers與Biocca認為這樣的發現可能是因為，這些女孩子在看完影片後，就想

像自己跟影片中的模特兒一樣。她們覺得自己可以更接近理想的體型。他們以扭曲身體意像的「兩階段理論」來說明這個現象。在第一階段，這些女孩子會把自己的外表看成跟社會的理想體型一樣。在這個階段，個體原先不穩定的身體意象將所謂的標準體型內化，使得這些女性對自己的身體感到相當滿意。然後隨著內化的標準體型與真實體型差距的呈現，個體也就產生一些自我批評。所以，由短期效果來看，這些女性會覺得自己相當接近理想身材（在認同理想體型後，自己原有的身體意象也產生改變）。然而，當內化的標準體型穩固後，個體就會將客觀的自我與內化理想的自我進行比較，導致個體對自己的不滿意狀態。很可惜的，Myers與Biocca並沒有深入探討媒體所帶來的長期影響。她們認為，如果有證據確認可能的長期影響的話，有關長期效果的部份就會更有說服力，並且可以更直接地了解個體對於身體不滿意的狀態，而不一定要間接地經由對身體大小的評估以及憂鬱程度來判斷。

有關這個主題的研究，還是以女性為主，只有少數的研究會針對男性來進行探討。隨著西方世界對於男性身體的態度改變，以及男性對自己的外表越來越重視（詳情請見第四章），有關男性在身體上的自尊狀態也開始受到特別注意。

在最近的研究中，Grogan et al（1996）探討男性與女性在觀看同性別、纖瘦、具有吸引力的模特兒之後的影響。這項研究探討對身體自尊之影響力。他們請49位男性與45位女性參與研究，在觀看照片前後（實驗組觀看模特兒照片，而

對照組觀看風景照片），填寫身體自尊量表（body self esteem scale）。不論是實驗組或控制組，女性的自尊分數明顯比男性低，顯示女性一般而言比男性還要不滿意自己的外型。他們發現，在後測時，實驗組與對照組明顯不同。不論是男性或女性，觀看完模特兒的照片後，身體自尊明顯下降；相對地，觀看風景照片的人，他們的身體自尊並無明顯改變（圖5.1）。

　　這樣的結果反映了，當個體（不論是男性或女性）觀看到同性別模特兒的影像後，他們對自己的身材感到顯著的不滿意。由短期來看，當他們與身材姣好的模特兒進行比較之後，他們會感到不舒服。這個現象正好與社會比較理論以及自我基模理論相互驗證；個體會與模特兒的身材來進行向上比較（社會比較理論），或是將模特兒的身材當做理想身材，男性會希望自己更壯，而女性會希望自己更苗條（自我基模理論）。這些資料正好可以說明，男性與女性對於自己身材不滿意的狀態，但是不能解釋飲食疾患。我們可以發現，在實驗組中，個體的自尊改變了，但是飲食態度（Eating Attitude Test）上的得分並未隨之而有遷動，所以，飲食的問題似乎並無法在此研究中說明。研究中媒體的影響力是短暫的，我們不知道它可以持續多久。由於Myers與Biocca（1992）認為身體意象是一種不穩定的狀態，所以他們只注意到外在訊息對於身體滿意度的短期效果。

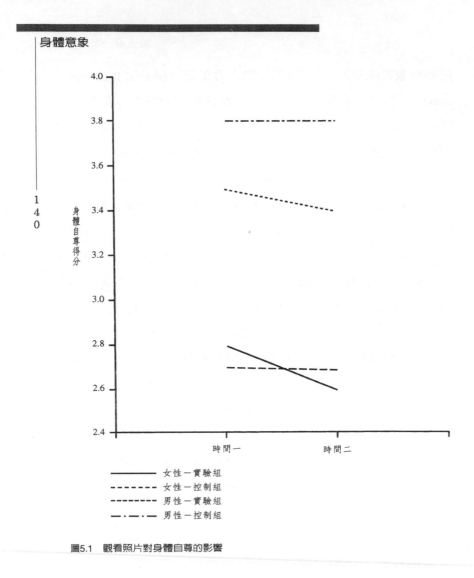

身體意象

圖5.1　觀看照片對身體自尊的影響

體型角色模式（Body Shape Role Model）

　　由資料顯示，媒體影像會造成個體身體滿意度的改變，因此探討與比較媒體影象與其他社會影響力相當重要。很明

顯，對於身體意象而言，媒體影像好像是最重要的角色。

　　Irving（1990）請暴食症狀得分高的大學女生，來評估不同的社會壓力來源之重要性。當她們針對不同社會壓力的重要性進行排序時，媒體為最重要的來源，接下來是同儕、然後是家庭。很清礎地，這些女性都能覺察到是媒體在迫使她們追求苗條的身材。

　　Heinberg與Thompson（1992）特別關注身體意象的參照團體。他們詢問297位女性與男性，請他們評估六個參照團體的重要性。排序從特殊性團體（家人或朋友）到普同性團體（名人或美國公民）。結果發現，男性與女性對參照團體的排序是相同的。最重要的參照團體是朋友、再來是名人、同學與學生，然後是美國公民與家人。由此來看，名人的重要性與同學及學生一樣。對於具有飲食疾患或身體意象困擾（body image disturbance）的女性而言，她們會以名人當做比較標準。Heinberg 與Thompson用這些資料來說明，媒體上的影像最容易被有身體意象困擾的女性當做比較的標準。

　　在1996年，本書特別進行一個研究，我們邀請了200名美國大學生（以及他們的朋友），年齡16－48歲，請他們提名他們心中身體意象的模特兒（你希望自己長得像誰？）。在這個研究中，男女比率相當。我們將他們的回答進行內容分析，發現可分成四大類：演員、模特兒、運動員、以及家人。我們將受訪者分成四大組，16－19歲組、20－29歲組、30－39歲組、40－49歲組。在男性方面，16－19歲組有23%的人以演員當做角色模範（例如Arnold Schwarzenegger, Jean-

Claude Van Damme），3%是運動員（例如Micheal Jordan），其他人則說沒有特別體型的角色模範。在20－29歲組，13%的人選擇演員、2%選擇運動家、2%選擇家人。在30－39歲組，31%選擇演員、其他人並沒有身體意象的角色模範。對於年紀更長的人（40－49歲組）也陳述沒有特定的身體意象角色模範。這些男性中，有些人希望自己擁有像好萊塢演員與運動員一樣強壯的肌肉（Arnold Schwarzenegger與Michael Jordan最常被提起）。在20－29歲組，他們與其他組很不一樣的是，他們選擇家人（通常是兄長或父親）當做體型的角色模範。

女性方面，在16－19歲組，10%的人以當紅的模特兒為角色模範（例如 Claudia Schiffer, Cindy Crawford, Elle McPherson, 或 Christie Turlington），5%選擇女演員（Halle Berry, Demi Moore, Alicia Silverstone），3%為女運動員（Gail Devers）以及3%選擇家人（通常是母親）。對於二十多歲的女性，9%選當紅的模特兒、9%選擇女演員、2%選擇運動員、2%選擇朋友當做自己理想的模樣。她們所選擇的女演員與運動員大致與十多歲的少女相似。對於30多歲的女性，女演員則為主要的角色模範，有13%選擇女演員（Michelle Pfeiffer, Demi Moore）、7%選擇運動員、7%選擇家人（母親或姐妹）。對於40多歲的婦女，17%選擇家人（母親或姐妹）、其他83%則沒有特定的角色模範。

由這個結果來看，對於40歲以下的男性與女性而言，媒體上的人物（當紅模特兒、演員、以及運動員）為他們身體

意象主要的角色模範。對於40歲以下的男性，許多人多以好萊塢的肌肉男，如Arnord Scharzenegger與Jean-Claude Van Damme為模範。對於30多歲的人，他們選這些演員為楷模的情形較其他年齡層的人多。有相當高比例的10多歲以及20多歲的女性，她們大多以當紅的模特兒為自己的模範。隨著年齡的增加，她們較喜歡選擇家人（姊妹或母親）當作楷模。很明顯地，媒體的角色模範對於年輕男性與女性的影響力較大。同時，隨著年齡的增加，選擇沒有特別參照標準的人也增加。當問及你想要自己長得像誰時，大約有40－50%的人選擇「像自己」或「沒有特定的人」。或許這是因為社會贊許（social desirability）的因素所致，或他們心中的標準並不是媒體上的人物，或許他們只是在意自己不能過度受他人影響，或他們真的沒有特別的角色模範來和他們自己比較。

　　我們藉由訪談他們為何選擇某種個體當作參照標準，來進行更進一步的分析。在訪談中發現，一名8和13歲的女孩認為，雜誌上的模特兒太瘦了，沒有吸引力（Grogan & Wainwright, 1996）。

　女孩1：她們看起來很可怕，好像餓鬼一樣。
　女孩2：對呀，就是這樣。
　女孩3：我想她們有時看起來太瘦了，看起來好像得了
　　　　 厭食症。

　　對於八歲的小孩，她們希望自己像「劍客」（the Gladiator）中的成員一樣。這部英國電視節目中的女劍客，

都是苗條但有適當的肌肉。在這些八歲小女孩的心中，雖然她們認為Jet的肌肉有點多，但是她們還是喜歡Jet。一些女性不喜歡太過噁心的大肌肉。

成人女性的反應與女孩相似，他們也選擇了當紅的模特兒（如Naomi Campbell & Claudia Schiffer）為模範標準。雖然她們也覺得Naomi Campbell & Claudia Schiffer太瘦了，但是還是希望自己能跟她們一樣：

> 她們讓我感到很不舒服。她們太瘦了，但是我還是
> 希望自己也能跟她們其中一個人的體型一樣。

在訪談中，我們可以發現從16歲到60歲的女性大多會選模特兒或女演員來當做她們的模範。

我們在Manchester Metropolitan大學所進行訪談的女性，她們大多對於媒體中角色模範的影響，抱持著較複雜的觀點（見第三章）。很明顯地，她們希望自己能夠跟Claudia Schiffer（圖片十三）與Cindy Crawford一樣苗條且凹凸有緻。然而她們覺得太瘦是不好也不健康的。Kate Moss與Amber Valetta經常會被她們認為太瘦了。一般而言，在我們訪問的女性中，她們會希望自己瘦但是還是保有曲線。雖然她們希望自己能夠跟Cindy Crawford一樣，但是她們也知道那是不可能的事。在 Jacqueline Gardner所帶領的20多歲美國女性之討論團體中，有一個談到Cindy Crawford：

> 我不知道為什麼每個人都希望自己像她一樣。她可

能是從別的星球來的人，她來到地球後，讓我們都覺得
自己很糟糕，而導致我們努力去減肥，讓那些減肥產業
致富。她真的就是火星人，雖然這樣想很不合邏輯，但
是這讓我感覺舒服點。

一般人都認為這些模特兒都太瘦了，甚至是Cindy
Crawford（一般不會認為她太瘦）也會被認為以她的身高來
看，她的體重過輕：

女性甲：當我看到一些模特兒，腦中會浮現「不」。
女性乙：我想她們真的太瘦了。
女性甲：Cindy Crawford看起來不像其他人一樣，她並
　　　　不是那種病態的瘦，她看起來相當健康。
女性丙：但是她真的有點瘦。
女性甲：對呀，她身高大約182。如果我跟她一樣高，
　　　　而且體重也跟她一樣的話，那真的相當棒。

同樣地，當談到好萊塢這些超現實的苗條女星時，一般
女性雖然是標準體重，會自認為自己好像太重了，那是因為
她們並非皮包骨。

你知道嗎，他們與「家庭改善」（home
improvement）的媽媽訪談時，大家都覺得這個媽媽就
是「chunky」（指又矮又肥）。她像是又矮又肥嗎？我不
覺得她又矮又肥，但是以好萊塢的標準來看，她真的算
是又矮又肥。

　　這些女性都批評這些媒體中皮包骨的女模特兒，她們希望能夠在雜誌上看到較接近現實體型的模特兒。她們認為這些雜誌都會創造一種矛盾的雙重標準，一方面會說每個人的身材都是適當的，但是在下一頁就會出現一個非常苗條的模特兒的影像：

　　回想一下，在任何一本女性雜誌。我發現……而且是幾乎每一期都會有文章告訴你，應該要喜歡你目前的樣子。自然就是美。但是在下一頁，你就會發現一個高180公分但體重只有54公斤左右的模特兒，這並不是常態。事實上那真的很突兀，因為很不自然。你也會發現，每一個單月讀者投書中，都會有人提到「我們為什麼永遠看不到一些身材較正常的模特兒呢？」。

　　她們對於一些廣告也有一些批判。她們發現一些大號衣服的廣告中，通常請那些一般身材的人當模特兒，而這些一般身材的人，在這些服飾公司的服裝中只能穿最小號的衣服。她們認為應該找普通身材的女性當一般服飾的模特兒，而不是找那些過瘦的人來當一般服飾的模特兒。

　　女性丙：我跟你說，讓我最生氣的事。那些加大尺碼的
　　　　　　服飾店應該是服務那些身材較壯碩的人，如22
　　　　　　號、24號……但是你會發現，他們都請14號尺
　　　　　　碼的人來當模特兒。然後請這些模特兒穿他們
　　　　　　公司最小號的衣服。我的意思是，他們服務的

對象是一群體形較大的人。但是，他們是怎麼
做的呢？他們只展示尺碼14號的服裝。因為對
於這些女性，那些14號尺碼的衣服看起來很好
看。但是若把衣服套在她們身上，就好像大人
穿小孩的衣服一樣。

女性甲：我跟那些大呎碼服飾模特兒的身材相當，但是
我都只穿九號的衣服。Christine相當漂亮，而
且也是這些加大尺碼服飾的模特兒。她並不
胖，但還是當這些服飾的模特兒。因為她的身
材與一般人相當，她應該當普通尺碼服飾的模
特兒。我不需要穿加大尺碼的衣服，而她看起
來也不需要。

　　相當引人注目，當聽到這些女性談論到媒體中女性的身
體時，便會發現她們對於媒體如何呈現這些女性身體的忿怒
與不滿。她們發現，流行產業企圖操縱她們，讓她們對自己
的外表感到不安。我們發現不論是在英國或美國，從16歲到
60歲的女性對自己的外表不滿意的型態很相似。她們的經驗
分享，正好挑戰了過去的想法：女性是社會壓迫下的被動受
害者。我們訪談中的女性，大多知道媒體中呈現的女體影
像，是超乎現實或不健康的（雖然她們也都希望自己看起來
像這些時裝模特兒），而且她們對於媒體操控她們，讓她們
對自己身體感到不滿意之事，感到相當不滿與忿怒。在《美
麗的秘密》（beauty secrets）（1986）這本書中，Wendy

Chapkis認為女性需要接受她們真實的自己，要拒絕那些由廣告工業、大眾媒體及化妝品工業所創造出來，超乎現實的理想模樣。很清楚地，這些女性都批判這些非現實的女性影像，甚至在我們的訪談中，13歲的女孩也有同樣的批判。但是，大多數的女性還是追求纖瘦的身材，造成大多數女性其理想體型與目前體型之間的鴻溝。在我們的訪談中，所有年齡層的女性，都有這種矛盾的現象。

對於8和13歲的小男生，他們說希望自己能跟電視或電影中具有肌肉的男性一樣，例如俠客（the Gladiators）中的成員、Jean Claude Van Damme、以及Arnold Schwarzenegger（圖片十四）。

在我們對健美先生的訪談以及問卷資料中（第四章），我們也發現他們常拿自己目前的身材與電視或健美雜誌中的壯男來做比較。其中，有一些人便因此開始服用類固醇：

當我自己進行的訓練越多，看的雜誌也越多，便希望自己能更壯……當我看到電視中的那些猛男時，便讓我感到很沮喪，我真的沒有像他們一樣壯。那對我決定開始使用類固醇有很大的影響。

然而，大多數的人卻說，媒體中的男性影像對於他們對自己身材的自尊心影響不大。成人以及16歲左右的青少年喜歡拿自己跟周遭的人來做比較，他們希望自己跟那些肌肉較壯的朋友一樣。女性與男性在這部份有很大的差異，男性所選擇的比較對象大多合乎現實生活狀況。一般而言，他們都

認為只要自己努力就可以跟那些壯男一樣，但是忽略自己在重量訓練上需要花的時間。花時間讓自己更好看，一般會被認為是娘兒們的作法，對於他們而言，這是不可取的行為（第四章）。在16歲男孩的訪談中可以看到相似的情形，他希望自己能夠更壯，但是却缺乏足夠的動機。這再度驗證了這個想法：他們覺得只要自己努力，就可以變成自己想要的樣子，但是目前還有更重要的事要做：

　　我不在意自己看起來長得如何，而且也不想花心力去改造自己。

　　當我們把訪談資料與問卷資料合併來分析時，我們會發現不論是男性或女性，他們都會以媒體影像當做評估自我體型的標準。然而，女性（特別是年輕女性）會批判這些影像過於狹隘，且認為她們是非現實的。男性也會受到媒體上那些肌肉男影響，但是他們並不會強迫自己花費精力變成具有肌肉的體型。健美先生（經常被認為是自戀者）是一個特例，他們往往會花費相當多的時間與精力在健美上，甚至也會花相當多的金錢（特別是服用類固醇者，在國內參加健身俱樂部的費用也不低）讓自己更接近媒體（電視以及健美雜誌）上肌肉相當強壯的男士。

　　不論是男生或女生，他們都會以家人或朋友來當做身體意象的角色模範。在訪談中，我們可以發現他們與同儕比較的狀況：

> 我不看那些電影明星或公眾人物。我會注意一般人，看看那些比我瘦小的人。甚至當我想到她們並不是真的很漂亮，第一件湧上心頭的是「她比我瘦小」，我跟他比起來，我似乎不像她一樣瘦。雖然我不認為她漂亮，但是我還是會想要瘦一些。

> 我不會因為對方比我瘦而不願意跟她做朋友，但是當我跟比我瘦的人在一起時，我就會覺得每個人都會拿我跟她比較，然後心中會想「她看起來多麼胖」。

在男性也有類似的經驗，只是男性會希望自己跟其他朋友一樣壯：

> 如果你的朋友比你壯，你自己也會想要跟他們一樣壯。雖然你自己也不想做些什麼改變，但是你心中就會想到這檔事。你會很希望身材跟他一樣。

在我們的問卷中發現，對於30歲到40歲之間的人，媒體模特兒較少成為重要的比較標準，重要的參照標準改為朋友或親人。由社會比較理論來看，人們為了找到有效的參照標準，他們還是會找與自己某些地方相似的明星或模特兒（Major et al, 1991）。大部份的模特兒都是十多歲到二十多歲之間，當然，對於那些高於此年齡層的婦女而言，她們的影響力自然會降低。在我們的問卷資料可以發現，三十多歲的演員（Michelle Pfeiffer, Demi Moore）則成為三十多歲的婦女階層的角色模範。當四十多歲時，家人的角色模範之影響

力即變得較明顯。對於男性而言，同樣地，三十多歲的男性大多還是以三十多歲的演員（如Schwarzeneggerm Van Damme）為角色模範。超過這個年齡層的男性，就沒有特定的人當作體型的角色模範。這些資料顯示，媒體上的模特兒常成為男性或女性的比較標準，但是個體會選擇與自己某些層面相似的對象來進行比較。

最近的發展

　　在1990年代中期，媒體也開始思考選用苗條模特兒的效應。這顯現了一種文化上的覺醒，大家察覺到選用相當瘦的模特兒，可能對年輕女性帶來一些潛在的危機。大部份的文章都將焦點放在，異常飲食行為的產生可能就是觀看雜誌上的苗條模特兒所導致的結果。最近突然有一堆文章開始討論，男性也可能拿自己跟媒體上體型結實、具有肌肉的男性影像做比較。有些文章認為這無傷大雅（Taylor, 1997），而有些文章認為當男性開始注意媒體上的美男子時，男性厭食症發生的可能性也就會增加（Thomas, 1993）。很清楚的，個體為何會罹患異常飲食疾患是一件複雜的事。媒體上的苗條影像經常成為代罪羔羊。將媒體纖瘦的影像直接與飲食疾患連結在一起不太合理；異常飲食行為的問題並不只是因為對身體不滿意而產生，它的成因相當複雜（Orbach, 1993）。雖然如此，媒體影像還是會影響到個體的身體滿意度，這也是為何廣告商在選擇模特兒時總是精挑細選。

減少媒體影像的影響力

最近一些心理學家開始思考個體如何藉由改變對於社會訊息的詮釋，來對抗媒體影像所產生的負面影響。例如，Leslie Heinberg與Kevin Thompson（1995）認為，我們應該把重心放在探討一些有效抗拒媒體之「理想楷模」的認知策略，如此我們便能教導大眾當他們發現身體意象受到纖瘦的媒體影像影響時，可以用這些方法去抵抗。他們認為，個體經由對抗策略的訓練以後，當他們面對媒體影像時能減少其痛苦。

如果我們接受社會比較理論能有效解釋不利的比較歷程，接下來的想法將會依循此一邏輯。我們進行的「向上社會比較」經常與重要的自我概念無關（Major et al, 1991）。如果媒體訊息與重要的自我概念有關，若能訓練人們立即質疑自己與這些訊息的相關性與相似性，那麼人們就不會進行向上比較，因為這樣的參照標準並不適合自己。

一些研究人員以認知行為模式（cognitive-behavioural paradigm）來看個體對於自己身體外表的心理意象。Rita Freedman（1990）發現，認知行為的介入策略，可以透過對「錯誤信念」的挑戰，以及發展對外界訊息新的建構方式，有效地訓練個體來對抗媒體的壓力。她認為，我們對自己身體所擁有的意象並不固定，而是一直處於變動的狀態，會隨著我們的生活經驗而改變，並由我們自己來建構這些概念。

她認為，身體意象的困擾是因為，個體對於自己的身體（外型）有錯誤的認知、非理性想法、不符現實與錯誤的詮釋。當採用Beck（1976）的認知偏誤的分類來看，她認為認知行為治療可以偵測到，那些會引發身體的非理性想法，以及導致身體意象困擾的問題。Freedman的病人學會察覺自己的錯誤認知，學會理性的想法，更有自信以及減少自我傷害。雖然她也知道，社會對於苗條與外在的重視，產生個體對自我身體的不滿意，但是她還是將治療放在個人層次，幫助他們知覺個人錯誤的認知以及如何去修正。她的治療模式並不是要去改變媒體影象的社會問題，她試著藉由訓練病患，讓他們學會挑戰自己的想法，以及修正對外在訊息的詮釋方式。

　　這些治療方法認為，改變需由個人層次著手。有些學者抱持著另一種觀點，他們認為，女性應該完全拒絕媒體上傳統的女性形象。Wendy Chapkis（1986）認為，女性應該要揚棄傳統文化下的理想女性體型，必須形成「自然體型」。Sandra Bartky（1990）推動新美體運動，認為體型上美的標準應有一個範圍，挑戰傳統所認定之「瘦就是美」。目前這些運動所遇到的困境之一，就是此乃長期才能解決的問題，而且許多女性還無法接受這樣的方式，主要是因為她們還是害怕脫離主流文化。除了個人層面的改變，就是要挑戰媒體、時髦產業，強制這些幫兇改變。在我們的訪談中，女性大部份對太過狹隘的大眾媒體影像感到不滿，並且試圖改變這種現象。到目前為止，媒體對此的反應相當緩慢，並且看不出媒體會選擇貼近現實生活的模特兒之趨勢，雖然如此，

至少某些雜誌已經開始刊登減肥傷身的報導，以及接受不同體型的重要性。在電視中，Dawn French, Roseanne Barr, Jo Brand等人，他們顯現不同美的影像也能成為主流。一位激進的女性主義藝術家（Guerrilla Girls）在紐約挑戰傳統的想法，認為目前的美女文化是由男性的觀點將女性物化後所建構出來的。其他的女性藝術家也挑戰媒體所建構的女性典範，她們常用自己的身體來當做圖片中的主角，（如1970年代的Carolee Shneeman的表演藝術，還有最近Cindy Sherman, Della Grace 與Marianne Mullet），以創造反傳統的女性身體影像（Mullerm1998）。然而，很重要的是不能太過高估這些運動的改變效果。在1997年，模特兒Sophie Dahl成為頭條，主要原因是她成為流行設計的典範，她的身材與大眾相當（都是穿14號的衣服）。事實上，這只是新聞宣傳秀，在大家普遍採用一般體型的人當模特兒之前，目前的流行產業還有一段很長的路要去努力。

摘要

◆ 媒體中的男性與女性影像相當不一樣。男性的典範是標準體重（通常是結實且有肌肉），但女性則是過瘦。

◆ 由研究資料來看，不論是男性或女性，當他們在看完理想體型的影像之後，都會對自己感到不滿意。

◆ 對於40歲以下的人，媒體影像（流行服飾模特兒、演員、運動員）常成為大多數男性與女性的角色模範。年

輕男性偏好有肌肉的男演員，女性會選擇跟她們同年代的演員。

◆女性對於媒體上過於窄化的女性形象相當詬病（經常斥之不合乎現實且不健康），對於媒體創造出這樣的理想標準，造成她們對自己身體不滿意而覺得忿怒。

◆大部份的男性表示，他們不會特別花心思去讓自己變成肌肉男。但健美先生是個例外，他們會拿自己跟媒體影像中肌肉更壯的人來做比較，並增加重量訓練讓自己更像他們的角色模範。

◆現存挑戰媒體影像的方法，還是將觀閱者當做被動的角色。觀看者批判這些媒體影像，但還是以這些影像來建構身體意象。

第六章　年齡、社會階層、種族與性傾向

　　在前面幾章，我們探討了兩性在身體滿意度方面的差異。這些研究的受訪者大多是白人、中產階級、年齡18－25歲間的大學生，當然也沒特定著重在那種性取向。大部份的心理學研究為了取樣方便，都是在校園中進行研究（Christensen, 1997），所以在研究類推上有相當大的限制。本章將著重在不同年齡層、不同社會階層、不同種族以及不同性取向方面的比較。首先，我們先回顧在不同生命週期（life span）之男性與女性，其身體滿意度的發展以及變化。再來，我們以歷史的觀點來看，「苗條」與中產階級的關係，探討不同的社會階層與身體滿意度的關係。接下來，將探討不同種族與身體滿意度的關係，並且探討西方白人文化對於黑人族群的負面影響。最後，我們將瞭解性取向與身體滿意度的關係，其中將探討異性戀、男同志以及女同志之身體意象的次文化。

生命週期與身體意象

青春期前（pre-adolescence）

　　我們何時開始對對自己的身體感到不滿意呢？男孩與女孩在幾歲的時候開始會挑惕他們的外表，並且會將他們身體物化呢？Kim Chernin（1983）發現，在青春期前，小女生就會開始模仿成年女性，也開始對自己的身材感到不滿意，並且在意體重是否過重。Marika Tiggemann與Barbara Pennington（1990）便證明過九歲的小女孩就已經表現出對自己身體的不滿意。在澳洲的研究中，15歲的青少年以及九歲的小孩，他們的理想身材都是比自己目前還要瘦的體型。Tiggemann與Pennington認為，在西方的文化中，九歲以上的女孩若對自己身材感到不滿意是一種正常的現象，她們周邊的媒體訊息（如電視）呈現了一些肥胖與纖瘦的影像，而這些影像也影響了她們對於正確與不正確體型的想法。

　　Andy Hill與他的同事（1992）在英國進行了一項研究，他們發現用身體滿意度問卷與剪影法有相似的結果，九歲的小女孩已經對自己的身材感到不滿意了。他們認為這些女孩從大人的身上接收有關身材的價值觀、信念以及判斷方式之後，將它應用在自己身上。

　　Nicola Wainwright跟我在1995年進行了一項研究，結果發現8歲的小女孩也會對自己的外表感到不滿意。從過去已

發表的研究來看，並沒有文獻探討這些小女生以及青少女對
於自己體型感到不滿意的經驗。我們只能試著去了解她們對
自己體型的感受。從我們與成年女性訪談的經驗來看，她們
記得從小學時期就能感受到外界對於身材苗條的要求。我們
希望能夠直接探索這些年輕女生的身體意象，以及與飲食的
相關經驗，而非藉由成年女性的回憶來了解。我們的研究進
行兩次訪談，一次是八歲女孩組，還有一次是13歲女孩組。
在這些訪談中，我們可以直接貼近這些小女孩的世界，可以
了解她們對自己的外型、節食、運動、飲食習慣的感覺和想
法。

　　這些八歲的小女孩都說，她們希望自己能夠瘦一些，不
論是現在或長大後。當問及她們是否擔心自己的外表時，她
們都反應說她們怕胖。當問及她們希望長大後變成什麼樣
子，她們大多希望自己苗條。

訪談者：妳們擔心什麼呢？
女孩甲：大概是變胖。
女孩乙：變胖。
訪談者：當妳們長大後，你們希望自己身體變成怎麼
　　　　樣？
全部：瘦。
女孩丙：不胖，真的瘦。
女孩乙：不是真的很瘦。就像我現在這樣。
女孩丙：我希望跟現在一樣瘦。

雖然她們不希望肌肉太多，但所有的八歲女孩都將「俠客」這個節目的成員當作自己的榜樣。有趣的是，她們認為有一些肌肉會更吸引男性，但是她們不會增加自己的肌肉，以免增加男性過多的注意。當問到她們是否喜歡Jet（「俠客」的女性成員）這樣有點肌肉時：

所有的女孩：不。

女孩甲：不會，因為會有很多男孩子黏著你。

訪談者：對呀！

女孩乙：是呀！

女孩丙：沒錯！

女孩甲：對，但是我還是希望能跟她一樣。

女孩丙：我也是，但是不希望有肌肉。

對於女孩，很清楚地，她們並不喜歡肌肉。（在第三章有相關的討論）

當問及她們是否滿意現在的外型時，兩個女孩覺得自己比較瘦（但是很滿意自己的體重），兩個覺得胖（對此感到不滿意）。當問及是否想改變身體哪些部位時，對自己外型感到不滿意的女孩都表示想要減肥。

訪談者：妳們有想要如何改變自己的身材嗎？

女孩丙：減重。

訪談者：你想要減重嗎？

女孩丙：對呀！

女孩甲：減肥。

女孩丙：妳已經夠瘦了！

女孩甲：我很胖好不好！

女孩乙：妳看妳的腿。

女孩甲：對呀，很胖呢！

　　這些女孩子對自己外表不滿意的現象與Charles與Kerr（1986）所進行的成年女性研究結果相似。這個研究可以提供直接證據，證明這些年輕女孩對自己外表的不滿意經驗，而非依賴身體滿意度相關問卷（看澳洲與英國的相關研究）或剪影的比較結果。這些結果顯示，八歲的女生已開始對自己的體重與外型感到不滿意，並且會追求社會所偏好的苗條美女。在訪談中也可以發現，這些女孩對自己的身材有所批評，並且有些「物化「的現象。她們也在中學時期受到社會文化的壓力，要求她們接受狹化的標準身材。

　　直得注意的是，很少有研究探討男孩對自己外型的滿意度。當研究對象有男孩時，他們經常只是主要研究對象－女孩的對照組。事實上，了解男孩對自己身材是否滿意、哪些因素會影響到他們的身體意象，而何時開始會花費心力去改變身體意象，這些都是重要的課題。

　　Micheal Maloney與同事們（1989）在Ohio大學進行一項有趣的研究，研究對象爲美國的小男生與小女生。在小男生中，他們發現（主要來自問卷的資料）31％的九歲男生，22％的十歲男孩，44％的十一歲男孩以及41％的十二歲男

孩，他們希望自己瘦一點。另外也發現，有31%的人曾經減過肥（36%在九歲的時候），14%節食過（27%是在九歲的時候），37%用運動減肥（44%在九歲的時候）。由此可以發現，不論男生或女生，他們在青春期之前已經開始在意自己的外表了。

162

　　小男孩在五歲時就能區辨不同的體型，從那時開始他們就希望自己能擁有健壯的中等身材。這是我們在研究中，要求小孩指出不同體型之特質時所發現的。Lerner與Korn發現，在1960年代的一些研究，發現小孩會將一些正向的人格特質與健壯體型者連結在一起。在1972年，Lerner與Korn所進行的研究中，我們可以發現五歲的小孩會認為健壯體型的人具有正向特質，而肥胖體型的人具有負面特質，瘦的人之特質介於正面與負面之間。而小孩本身的身材，並不會影響到他們對不同體型的刻板印象。那些過重與正常體重的人對於肥胖體型都有負面的刻板印象。同樣地，Stagffieri（1967）也發現，當研究者請六到十歲的小男孩分別說明肥胖體型、瘦體型、健壯體型的個性與行為特質時，肥胖體型者往往被賦予具有攻擊性的負面特質（如我們常叫的大棵呆），而瘦體型是具有壓抑性的負面特質（如瘦子較內向），而體型健壯的人則被賦予受大眾與社會喜愛的特質。小孩本身的體型，並不會影響他們對體型特質的分類。

　　由這些資料來看，兒童似乎對胖子會有很多負面的想法。當我們這樣詮釋這些資料時，我們可以發現這些研究中的缺失。這些研究是請小孩將一些形容詞與一些照片做連

結。在選擇過程中，用過的形容詞就不能再用。這種強迫式的分法，自然會造成不同體型就會有不同的形容詞。當大家偏好中胚型身材時（給予正向形容詞），剩下的負向形容詞只好丟給其他體型。換句話說，大家會對胖子有負面看法可能是我們對中胚型身材有過多的正向看法。在這個過程中，反映了一種社會期許（social desirability）的現象，小孩可能在顯示社會的刻板印象，而非自己個人的態度。他們在面對這個作業時，是試圖回答出標準答案。我們需要用其他方法來證實這個問題，利用訪談或開放式問卷來了解小孩子的想法，讓他們有較大的「空間」可以表達自己的偏好。

　　在訪談中，我們可以更清礎地了解爲什麼他們會特別在意某些身材與體型。研究結果與過去利用形容詞（如Lerner等人的研究）來探索體型偏好的研究大致相似，他們偏好成人的理想體型，對過重的身材反感。另一個研究，Nicola Wainwright訪談兩組8和13歲的男孩，了解他們心中的理想體型（Grogan et al, 1997）。結果發現，八歲的小孩子希望自己長大後可以具有健壯的肌肉。

　訪談者：當你們20歲時，你們希望自己長得怎麼樣？
　所有的小孩：肌肉男。
　訪談者：你們希望自己像誰？
　男孩乙：Hulk Hogan。
　男孩甲：像「俠客」中的影武者。
　男孩丙：Saracen。

訪談者：你們喜歡多點肌肉嗎？

所有的小孩：對呀！

　　雖然他們知道如何節食，但是這些小孩沒有一個人節食：

訪談者：你們知道如何節食減肥嗎？

男孩丁：知道呀，你不能吃太多。

男孩乙：你不能吃有脂肪的東西。

訪談者：你們曾經節食嗎？

男孩丙：沒有。

男孩乙：沒有。

　　他們大多有運動，並且認為運動可以避免變胖：

訪談者：你們有運動嗎？

男孩甲：有時。

男孩丙：一點點。

男孩丁：經常。

訪談者：你們做什麼運動？

男孩丙：當快遞。

男孩丁：跑步、騎腳踏車。

訪談者：你們覺得運動重要嗎？

男孩甲：當然重要呀！

男孩丁：可以把脂肪全燃燒掉。

這些資料可以了解，八歲的小孩跟十多歲的小孩一樣（以及二十多歲的成年人），心中都有一樣的理想體格。他們希望瘦一些（恐懼變胖），還有強壯肌肉（但是不要過大的肌肉）。由這些資料發現，早在青春期之前他們就會在意自己的體型。他們沒有人節食減肥，但是當體重過重時，他們便可能節食或運動來減重。他們心中理想的體格，經常來自電視或電影中的演員，較少會提到他們的朋友（或許是他們還不能關注到身邊的同儕）。

將青春期之前男孩與女孩的資料整體來看，他們都害怕變胖，並且會追求苗條的理想體型（女生怕有肌肉，但男生則希望有肌肉）。由這些資料來看，小孩的想法與大人的想法相當接近（第三章與第四章），理想的體型以及體型角色模範都相當接近。

青少年

有相當多的研究對青少年的身體滿意度感興趣。Betty Carruch與Dena Goldberg（1990）認為，青少年時期是一個重要的時刻，因為這個時期是身體體型改變的高峰期，對女孩子而言，也正是蛹化蝴蝶的時期。青少年時期被認為是一個轉變的時期，是探索自我意識與自我認同的時期（Tiggemann與Pennington, 1990）。由過去的研究來看，大部份13－16歲的少女對自己的體型感到不滿意。大部份的研究者，藉由調查節食或剪影法，來探討個體對自己身體的滿意度。大部份的少女都覺得自己胖，希望能減少體重。Thomas

Wadden與他的同事（1991）認為，青少女會覺得自己長得怪怪的（譯者註：因為青春期正好是身體快速成長的時期，所以個體有時會覺得自己怪怪的），並且（由調查研究的資料可知）在這個時期也是最擔心自己外表的一個時期。

在對這些青少女的訪談中（Grogan & Wainwright, 1996），發現大家都希望自己擁有一般體型，不要太胖或太瘦：

> 青少女丙：不要太胖。
> 青少女丁：不要太瘦。
> 青少女乙：正常。

她們表示不喜歡雜誌中的模特兒，因為她們覺得這些模特兒太瘦了。

> 青少女甲：她們看起來很可怕，就像難民一樣。
> 青少女乙：對呀！
> 青少女甲：我想她們有時看起來太瘦了，有點像患有厭食症的病人。

她們會羨慕那些身材好的朋友（像模特兒的身材），還有那些怎麼吃都吃不胖的人。她們談論一些朋友的身材很瘦，怎麼吃都不胖，她們很羨慕：

> 青少女丙：嗯，一個經常跟我在一起的朋友，她怎麼吃都吃不胖，她也吃巧克力、零食，但是她還

是一樣苗條。

青少女乙：我很討厭那些瘦子，一天到晚說自己胖。這
　　　　　讓我覺得很討厭。

　　這些13歲的少女，對於她們「太胖」的身體感到相當不
滿意。

青少女甲：我可能會改善我的小腹。

青少女丙：對呀！我希望自己能再瘦一點。

青少女丁：對阿！只要小腹再小一點就好了。

　　這些女孩子也不喜歡肌肉，因為女孩子不應該看起來過
於結實。

青少女丁：我不喜歡女生去健美，因為那實在是……。

青少女甲：那太胖了，還有……。

青少女乙：她們有點小肌肉不錯，但是不能像……。

青少女丙：男生。

青少女乙：就是這樣。

青少女甲：……那太過度了。

　　從這些研究可以發現，這些女孩子已經認同西方社會文
化對纖瘦體型的觀點（對於那些不合乎纖瘦的理想體型者並
不認同）。從訪談資料讓我們大吃一驚，這些13歲小女孩的
想法大致與Charles與Kerr在1986年研究成年人之結果相似。
當青少女持續活在社會文化的「女性」角色中，以及經驗到

她們成長過程中的身材變化，她們很難去挑戰這種主流文化。

很少有研究探討青少男的身體意象。Mark Conner與他的同事（1996）進行一項研究，以11歲（61位男孩與67位女孩）以及13歲（52位男孩與51位女孩）的青少年參與研究。在這個研究中，主要探討青少年的身體自尊、理想與現實體型的差異以及節食活動。在研究中發現，雖然男孩比女孩還要滿意自己的體型，且節食的人也較少，但不同年齡層的男孩，他們的身體自尊則有顯著不同。13歲的男孩對自己的體型與體重較11歲的男孩不滿意。他們認為，13歲的男孩正處於青春期，面臨身體與心理上的急速改變，因此他們對身體的滿意度較青春期之前的11歲男孩低。但是，在這個研究只能說明這些人對自己的外型感到不滿意，但是什麼原因讓他們感到不滿意卻無法得到解答。

在對13歲的青少男進行的訪談中，我們發現他們心中的理想體型與成年男性非常相似（Grogan et al, 1997）。這些13歲的青少男表示他們的理想體型是有適當肌肉的結實身材，而這樣的想法與第四章成年人的反應相當：

訪談者：你心中理想的男性體型是什麼樣子？你希望你二十歲的時候是什麼樣子？

青少男甲：有結實的腿。

青少男乙：有肌肉。

青少男丙：古銅色肌膚。

青少男丁：像橄欖球球員，中等身材。

青少男甲：不胖，但也不要太瘦，就中等身材。

訪談者：你們希望自己像誰呢？

青少男丙：健身者。

青少男甲：拳擊手。

青少男乙：一點肌肉。

青少男丁：對呀！

訪談者：你們希望那裡肌肉多一點？

全部：手臂。

青少男丁：胸膛。

青少男丙：背部、二頭肌與三頭肌。

青少男丁：全部。

青少男乙：我不想像這個樣子。（他用手指頸部的肌
肉）

　　他們都選Jean-Claude Van Damme當做他們的理想體型，
因為他身材適當且肌肉並沒有過於發達：

訪談者：你能想想看，當你長大後你希望自己變成跟誰
一樣？

青少男甲：Arnie（Arnold Schwarzenegger-阿諾）但不
要太壯。阿，就是Van Damme。

青少年乙：對呀，就像Van Damme（范達美）。

青少年甲：他不是太壯，剛剛好。他可以作上千下的扶
地挺身與仰臥起作。

青少年乙：我希望身材適當，不想要大肌肉。

他們不希望肌肉太多，因為他們認為肌肉過多到老可能會變肥肉：

青少男甲：（健美者）當他們變老時，很可能會變胖，因為肌肉會變成肥肉。如果你有過多的肌肉，你很可能變胖，因為當你老了以後，就無法像年輕一樣地結實。

他們認為如果身材能接近理想體型，他們會更高興：

訪談者：如果你們變成心中的理想體型時，你們會更快樂嗎？

青少男甲：當然呀，因為如果你是胖胖的，你就會覺得自己很醜。

當身邊有朋友是肌肉強壯時，他們會拿他當做參照標準來比較，而在這樣的比較之下，往往會讓自己很不快樂。他們認為身體意象是影響自尊的一個重要因素：

青少年丙：當你身邊有個具有結實肌肉的朋友時，而且他身邊圍繞著女孩子，你自然就會感到沮喪。

雖然他們知道各種不同的節食方法，但沒有一個男孩節食過，其中有三個人提到他的家人有節食：

青少年甲：我媽她節食過，不吃麵包，不吃碳水化合物
　　　　　加蛋白質類的食物。

青少年丙：對呀，我媽也努力地節食過。

青少年乙：我媽試過減肥餐。

如果他們過重時，有兩個人會節食：

訪談者：你們會依照上面的方法去做嗎？

青少年乙：除非我真的變胖，好像兩塊豬肉掛在身上。

青少男甲：我不會靠運動減肥。

青少年乙：就是節食。

青少年丙：我想，我會運動。

　　這些資料顯示青少年希望身材中等，而且有些結實的肌肉，這樣的觀點與成年人相似。他們害怕變胖，會靠運動或節食來避免體重過重。男性在很小的時候就認為結實的身材代表著健康。當他們與自己同儕比較時（不只是拿自己與肌肉發達者相比，也跟自己的朋友比），看起來好看會讓自己感到快樂。很明顯地，在訪談中，可以發現青少年與成年人一樣在意身材。青少年的理想體型與成年人的理想體型非常相似。

　　青少男與青少女心中的理想體型與成年人的想法相近。青少女的理想體型是苗條（但不要太瘦），青少男是結實具有肌肉（但不是大肌肉）。男孩會希望自己肌肉多些，但女孩則覺得肌肉是男性的表徵，所以只希望自己苗條點。女性

所在意的是線條，而男性是健壯。當然，跟成年人一樣，不論男孩或女孩，他們都怕變胖。

成人時期之身體意象

　　大部份研究身體意象的心理學家，大多將焦點放在18－25歲的成年男性與女性。主要是因爲研究樣本大多以大學生爲主；在美國，大部分的研究是在大學或高中進行（大多從課堂中找學生），所以可以發現大多數的研究結果都是方便樣本，一群年輕人。

　　探討年紀較長之成年人的體型意象，會有一些新奇的發現。在大部份的年輕人當中，他們理想的體型都是苗條型。女性特別希望保持年輕的外貌，而這種年輕貌美的概念是西方社會對於女性的價值評判。許多研究者注意到大家對於老化的雙重標準，當他們出現老化的現象時，對於女性外表的要求較男性嚴苛。Sorell與Nowak（1981）認爲，性別與年齡會影響大家對「魅力」的評價。男性的歲月傷痕（年老的徵兆）會讓他們更有特色，但是女性的歲月痕跡常被他人或她自己視爲負面的現象（我們對女性的評價往往來自外表，而非個人的能力）。Deutsh（Pliner et al, 1990）發現，隨著年齡的成長，個體對於自己外表吸引力的評估會下降，但是下降的趨勢是女性較大。在另一個針對60歲以上老人的研究中，Rodin（Pliner et al, 1990）發現女性最重視的是體重（第二個是記憶衰退），但男性很少會提到體重。

　　Adams與Laurikietis（1976）認爲，女性對於老化常感到

172

羞恥，因為大家認為老化就是失去魅力。但是，男性則隨著
年紀增長而越有吸引力。女性年華老逝的現象是相當受重視
的，所以在西方社會中，女性一直要保持青春以免失去魅
力。Jane Ussher（1993）認為，當女性過了更年期之後，文
化會幫她們貼上「沒用」的標籤。她認為所有的女性都會拿
自己跟年輕貌美的苗條美女來比較，而這之間的差距將隨著
年齡增長而擴大。

　　對於大多數的女性而言，出現老化是一種可怕的經
驗、是一種危機：但是男性似乎體驗較不深刻。當討論
到女性的相關議題時，我們特別注意年輕女孩上：我們
印象中的「理想女性」，大多是苗條、年輕、有活力、
具吸引力的異性戀女孩，而不是我們一般大眾，當然也
不是自己的模樣。

（Ussher, 1993：116）

　　在電影或電視影片中，許多四五十歲的男人，都被塑造
出性感且具有魅力的形象，並且經常與多位年輕貌美的女性
有親密的關係。例如，好萊塢的一些老演員還扮演六十多歲
的多情種子（Robert Redford, Sean Conney, Jack Nicholson,
Clint Eastwood等人皆是），並且經常與小他二十多歲的女性
觸發愛情（例如在「Rossia House」中的Sean Connery與
Michelle Pfeiffer）。在進行媒體調查研究中，發現超過65歲
的人很少會出現在媒體中（大約只有5%的演員是超過65
歲），但是老男人的曝光率還是比年長的女性高。當他們演

出時，經常扮演沒用的糟老頭。Tony Ward（1983）發現，年紀大常代表著性無能、固執以及愛批評。我們在電影或電視中，很少會看到老男人或老女人，除非是特別的需要，例如病房中垂死的老人。

分析媒體的研究者發現，媒體中的女性角色，還是以「年輕貌美」爲主要代表。理想女性主要的重心是，在年輕時如何找到一位男生嫁給他然後有了愛的結晶，成爲把一切的心力放在家庭上的母親，而且心中還是將先生放爲最重要的地位。

Majorie Ferguson（1983）分析了女性（woman）、女性專刊（woman own）以及女性週刊（woman weekly）的內容，她主要探索這些雜誌的主題、目標以及對女性角色的界定。結果發現，有67%的主題在探討如何維持一個和樂的家庭。其它的主題是，如何追求完美（17%）、克服不幸（28%）。女性角色的設定，幾乎一半（46%）是當好妻子、好母親或找個好丈夫。主要的目標有，如何讓女性過快樂的生活（23%）、有個美滿的婚姻與家庭（15%）、找個好丈夫（16%）以及變更美麗（16%）。Ferguson（1983）發現，這些雜誌有些反傳統的訊息，一方面要把追求自己的快樂排在第一位，而不是犧牲自己在家裡當黃臉婆。

老女人很少會在電影或電視影集中出現，當她們出現時經常是不重要的角色（除非是劇情需要老奶奶），經常是年華老逝、令人厭煩的人。這些老女人，經常被認爲年華老逝，而且性趣缺缺，也扮演常被取笑的丑旦（Itzin, 1986;

Ussher, 1993）。當老女人扮演性感角色時（例如某某人的春天、夕陽之戀之類的電影），她們經常是擁有似年輕女性的外貌（Joan Collins）。在處理這些激情戲時，導演都會避免身體的呈現，也不像一些激情戲一樣會裸露（如：「Terms of Endearment」中的Shirley MacLaine與Jack Nicholson），或者用遠距離的鏡頭來展現（如「Shirley Valentine」中的Pauline Collins與Tom Contin）。

　　Catherine Itzin（1986）發現，在大眾媒體中，老女人的曝光率比老男人的曝光率還要低，而且經常是年華老逝且依賴男人的老太婆：

　　　　在媒體上，老女人很少呈現出有能力、獨立自主的
　　　　角色，且絕不可能是有性吸引力的角色。

　　　　　　　　　　　　　　　　　　（Itzin, 1986：126）

　　老女人經常被告知要保持「年輕貌美」，必須化妝及透過服飾來掩飾自己的年齡。她也發現，媒體也會強化這些刻板印象，這對於女性的生活大多會有負面的影響，特別是對於老女人而言，她們一方面要承擔女性角色的負面影響，另一方面也要面對老化的負面影響。

　　三十歲以上的女性比年輕女性還要對自己的身材感到不滿意，即使有些人看起來還是年輕、身材還是相當姣好，但是還是對自己的外觀不滿意。大部份的研究者發現，女性對身體的不滿意度並未隨著年齡而改變，但是年長的女性還是比年輕女性對自己的身材更感到不滿意。

在我們的訪談過程中（第三章）發現，女性有16-63%
對自己的身材有不同程度的不滿意。不同年紀的女性在意的
部位大多相似，大多抱怨自己的身材、臀部與腰圍。大部份
的人都希望自己能減肥，並且希望自己又高又瘦，以及有堅
挺的胸部。不論何種年齡的女性，她們的主要動機，就是必
須能穿得下那些流行服飾。不論幾歲的女性，她們都能夠確
定自己想改變的部位，都希望自己能夠瘦一點。

二十多歲到三十出頭、剛生小孩的女性，她們覺得因為
懷孕使得整個身材走樣，且離理想體型越來越遠。許多剛生
過小孩的女性會感到肌肉鬆垮，乳房也下垂（她們認為是因
為哺乳的關係所致），而這些是她們對自己身材感到不滿意
之主因。Fox與Yamaguchi（1997）針對76位剛生完第一胎的
女士進行研究（多數都是足月產—30週以上），利用問卷了
解她們生產前與生產後對自己身體的看法。結果發現，懷孕
前體重正常的女性，她們在懷孕時期對自己的身體意象有較
負向的感受。懷孕前體重超重的女性，她們在懷孕時期對自
己的身體意象有較正向的感受。這些女性懷孕前的體重，明
顯地會影響到產後的身體意象。那些懷孕前體重較輕的女性
比體重較重的女性，她們在產後的身體意象會更為負面
（Fox & Yamaguchi, 1997）。

Patricia Pliner與他的同事（1990）比較了男性與女性
（10-79歲之間）對體重、飲食與外表的關注情形。女性較
在意自己的飲食、外表、體重，並且有較低的外表自尊
（appearance self esteem——認為自己的外表較不具吸引力）。

不同年齡層的女性，她們外表自尊的得分並沒有差異。超過60歲的老奶奶也跟跟年輕人一樣在意自己的外表。這樣的結果顯示，社會要求女性要苗條、性感的壓力，沒有年齡的區分。這樣的結果說明，事實上以年輕女性所得到的研究結果是可以類推到不同年齡層的婦女身上。同樣地，不同年齡層的男性，他們的外表自尊也沒有差異。雖然老男人與結實、具有肌肉的社會理想體型相差甚巨，但是他們對自己外表的滿意度跟年輕人一樣。

在上面的研究中，Pliner沒有特別去探討目前體型與理想體型間的差異。最近，Sue Lamb（1993）與他的同事們利用身體輪廓法問卷，來評量不同年齡層的身體意象。結果發現，年紀大的男性與女性（大約五十歲）會認為自己較重，且認為他們比年輕人（二十歲）更重。年輕女性、年長婦女以及年長男人，他們認為理想的體型是比自己還要瘦。只有年輕男人對自己的身材感到滿意。這個研究也發現，一些中年男子對自己的身材感到不滿意，而身材改變主要是因為年紀增長所致（中年男子的痛——中廣身材）。在這個中年時期，不論男、女，他們體重會越來越重，使得他們的體型與理想體型差距越來越大。

研究者發現，老年人（特別是婦女）心中的理想體型（來自於媒體中或其他女性）跟年輕人相似，但因為目前的體型與理想體型相差甚巨，而讓他們感到自己很沒用（Usser, 1993）。然而Lamb（1993）認為，老年人會選取適合自己年紀的理想體格，所以他們的理想體型會比年輕人胖一

些。因為他們會隨著年紀增長而變胖，所以他們心中的理想體型也會隨之改變。因為在橫斷面的研究中，每個年齡層之身體意象受文化壓力的經驗不同，所以在資料中很難探索這些現象。在1990年代，有一些五十多歲的人，他們曾經活在Marilyn Monroe或Jayne Mansfield 這些強調豐腴的文化中。我們從這裡可以瞭解不同年齡層之身體意象的差異，可能來自生活背景的不同（不同年代有不同的理想體型），而不是年紀大小。如果我們可以用縱貫面研究去追蹤這群人，則可以更深入地探索歷史性的因素。

在第五章，曾描述不同世代的角色模範。雖然這些研究也跟Lamb的研究一樣遭遇到一些問題，但還是可以讓我們了解不同年齡層的角色模範。在我們的100位男性與女性的研究對象中（年齡為16-49歲），我們發現年輕人（低於30歲）喜歡選演員與模特兒當作理想身材的楷模。老男人並沒有特別的楷模，而老女人則會選擇「家人」為楷模或沒有特別的楷模。從這個研究可以發現，我們會選擇適合自己年齡的楷模。當我們變老時，媒體的模特兒不再是重要的參照標準，大家都會選擇與自己年齡相仿的楷模當做參照標準。超過40歲的人，朋友與家人常成為身體意象的比較對象。根據社會比較理論，我們會選擇與自己相似的個體進行較合乎現實的身體意象之比較。這也可以解釋為什麼在Plinner與Lamb的研究中並未發現，老女人對自己身體的滿意度比年輕人低，主要是因為女性會選擇適合自己年齡的參照標準來進行自我身體意象的評估。如果女性選擇合乎自己年齡的角色模範，她

們就不會因年齡越大對身體的不滿意度也越大。但這衍生出另一個問題，爲何男性隨著年齡增加，反而對自己身體更不滿意。超過40歲的男人大多表示，自己沒有特別的參照標準。即使當我們詢問他們希望自己的外表像誰時，有人表示希望能夠跟自己年輕時一樣。或許男性比較會拿現在的自己跟年輕時的自己來做比較。如果眞的如此，我們便能預期他們對身體的滿意度會降低，因爲大多數的男性體重隨著年齡增加（Cash & Pruzinsky, 1990）。

　　由最近的資料來看，在整個生命週期中，女性較男性對自己的外表感到不滿意，而且這個趨勢會隨著年齡增長而增加。雖然媒體只強調年輕貌美的女性模樣，對於不同年齡層的女性，普遍來說還是比男性在意自己的外表。這可能是因爲女性會選擇與自己年紀相仿的模範來進行比較。對於男性是否會隨著年齡增長而對自己外表更不滿意，目前尚無一致的結果。當男性以較瘦的體型爲理想體型時，他們自然就會因著年紀增長而對自己外表感到更不滿。對於這個主題，可能需要縱貫面研究，針對一個世代的族群，進行長期的追蹤，來了解年紀與文化對於個體身體意象的影響。

種族與身體滿意度

　　已經有資料證實，在西方社會中，不同的種族對於體型有著不同的態度。大多數的研究都著重在，不同的族群對肥胖之偏見、身體滿意度以及節食行爲，研究對象主要集中於

女性。對於不同族群之男性，其身體滿意度之差異的研究非常少。大部份的研究發現，與英國亞裔、西班牙裔與非裔美人相比，英國與美國的白人女性對於自己的身體感到較不滿意。

有些研究發現，不同族群對於肥胖與過重的觀感不同。Harris（1991）發現非裔美國人（男性與女性）較美國白人女性，對於過重的女性有較正面的態度。黑人男性較白人男性願意與胖女人約會，並且認為胖也是一種性感的表徵。Harris也發現肥胖的非裔美人女性比肥胖的美國女性，有較正向的身體意象，也比較不會想減肥。這結果顯示，在非裔美人的族群中，他們對「胖」的負面態度較少。

英國與美國的研究中，發現非裔與加勒比海裔、亞裔以及西班牙裔女性較白人女性，比較能接受微胖的身材（Abram, 1993；Harris, 1994）。對於小女孩與青少女的研究，也有類似的發現。在美國的研究發現，非裔美人與白人女孩相比，她們節食的狀況較少。Neff（1997）特別針對黑人與白人青少女，探討她們對於體型的知覺與體重的管理行為。他以隨機取樣方式，針對南加州的高中生進行取樣，選取了1824名黑人青少女與2256名白人青少女，年齡在14-18歲之間。他們發現，白人女性（41%）比黑人女性（28%）更在意自己的體重。白人女孩使用減肥藥或催吐減肥是黑人女孩的六倍，採用運動或節食減肥是黑人女孩的四倍。作者認為，白人青少女與同年齡的黑人女孩相比，容易自覺自己過重，並用一些不健康的方式減肥。

　　在英國的研究工作中，也有類似的發現。Jane Wardle & Louise Marsland（1990）發現，非裔、加勒比海裔、及亞裔女孩與白人女孩相比，較少有減肥的念頭。Jane Wardle（1993）更進一步地以14-22歲的274位白人與亞裔青少女，針對體型意象與節食問題進行問卷調查。結果發現，亞裔女性較少會提到自己過胖，對自己的身材也較滿意，減肥與節食的行為也較少。這有一部分的差異，是因為亞洲人的身材較嬌小所致。然而，當研究者進一步控制體型這個變項時，白人女性對自己的身材評估，還是會覺得自己比較胖。研究者認為，同樣體型的亞洲人與白人相比，白人會認為自己比較胖。Wardle認為這樣的結果可以反映出文化差異，在亞洲文化下，肥胖較不會受到歧視，所以她們比較不會受到身材的困擾。

　　很少有研究針對男性來探討不同種族對於體重關注程度的差異。在美國，有一篇研究（Thompson, 1997）針對九歲的小孩進行一項調查，想了解種族與性別是否會影響他們心中理想的體型。他們隨機選取了817名小朋友，在種族中白人佔一半，在性別上，女孩與男孩各佔一半。他們發現非裔美國小孩在選取自己、男孩、女孩、成年男士與女士之不同類別的理想體型方面，皆比白人選的胖一些。黑人小男孩選取的女孩與成年女性的理想體型，很明顯都比白人小孩選的還要胖。由這樣的結果來看，對於九歲的小孩而言，他們心中理想的體型有很明顯的種族差異，黑人男孩與女孩的理想體型皆比白人的要胖。

在另一個研究中，Gittelson（1996）等人也探討不同種族與不同性別在身體意象上的差異，他主要是要了解在安大略湖北邊的加拿大原住民對自己體型的知覺。他發現這些人的理想體型比自己目前的體型瘦一些（纖瘦的女性），但是與白人相比，加拿大原住民的理想體型又比白人胖一些。所以，這些加拿大原住民，他們偏好的體型比其他的白人要胖一些。

由以上的資料來看，社會對於男性與女性體型必須纖瘦的壓迫，有一些次文化的差異。有些種族，他們不會排斥肥胖的人，而在該文化下越豐腴的人，對自己的身材滿意度也越高。由此來看，瘦與胖正好是兩種不同文化下的產物，西方白人文化追求瘦，而其他區域則可能偏向胖（例如中國唐朝，追求的就是胖）。在黑人文化中，豐腴的女性很普遍，因為那代表性感、有力量。我們可以在一些黑人作家的作品中（Alice Walker, Maya Angelou）與傳統的黑人音樂（如爵士樂、藍調與饒舌歌），發現豐腴的女性代表著性感與活力。這樣的想法與西方媒體對於肥胖的負面印象剛好形成對比。

次文化對於身材大小的影響可能比主流媒體的影響還要強烈。這也是為什麼黑人會抗拒主流的文化價值，認為那是令人討厭與不重要。黑人文化中的理想體型很少在西方的媒體中呈現。Gen Doy（1996）與Linda Nochlin（1991）探討黑人身體物化的歷史，發現在媒體中黑人模特兒與演員多扮演「無恥、肉感、容易得手的」的形象（Doy, 1996, 19）。

Chris（1993）也發現白人也將黑人塑造成可怕、危險的形象。在一些雜誌上，黑人也扮演著種馬的角色，很多A片中的男演員都是黑人，例如 Robert Mapplethorpe 所扮演的一些角色。

在廣告中，黑人也常常扮演著好色與危險的角色，主要原因在於消費大眾是以白人為主。Anoop Nayak（1997）發現，Haagen Daze 冰淇淋用黑人來拍廣告，黑色的肌膚配上雪白的冰琪琳呈現出強烈的對比，除了突顯冰琪琳的色彩以外，也突顯了黑人髒髒的膚色。Naomi Campbell在美國的牛奶廣告與在英國的優酪乳廣告，也採用這種黑白對比。有些研究者認為，這種媒體上的膚色歧視，造成了黑人膚色漂白風（Nayak, 1997），並使得他們因為沒有符合以歐洲為中心的理想，而對自己的膚色與外貌感到不滿（Lewis, 1996）。

並不是每一個黑人影像都是負面的，但是我們很難在主流的媒體文化中找到正面的影像。另一件要注意的事情是，化妝品廣告幾乎不找黑人當模特兒（除了Tyra Banks幫 Cover Girl拍的廣告，以及Veronica Webb幫 Revlon拍的廣告）。Naomi Campbell與Iman是少數成功塑造黑人形象的公司。在主流的媒體文化中，很少會有黑人的畫面，即使有也很多都是負向的訊息，這樣也就容易造成黑人觀眾的反感。這也可能是黑人會排斥主流媒體文化之價值觀的原因。當少數族群排斥主流的西方文化價值觀時（瘦即是美），他們自然也就不會因為過重而感到不舒服。

最近在對亞裔與西班牙裔的研究中發現，他們也漸漸對

自己的外型感到不滿意。這可能是因為這些亞裔或歐裔的人在1990年代末期，改變了對於瘦的態度。**Thomas Robinson**（**1996**）調查了接近1000名六七年級的小女孩（平均12歲），調查她們對自己的身體滿意度以及期望體型。他們發現（與其他研究相比），「瘦」是理想的身材（**BMI**少於28%）。亞裔與歐裔的女孩在身體滿意度方面比白人小孩還要感到更多的不滿意。研究者認為，應該更注意亞裔與歐裔的小孩的感受，從這些資料也可以發現瘦即是美的西方文化思維也開始滲透到其他族群了。當個體認同主流文化時，個體會發現自我與理想（媒體上的楷模）之間的差異，並且也會對自己的外型感到不滿意。未來可更進一步度探討如何將這個現象做更廣的探尋。

最近的資料顯示，美國白人比英國人、亞洲人與加拿大人等其它種族（特別是女性）更怕胖，並且會努力地節食減肥。然而有資料顯示，不同文化之間的差異正逐漸消失中，由於白人有關身體意象的社會文化價值觀居於優勢，使得亞裔與西班牙裔的個體對自己的身體越來越不滿意。

社會階層與身體滿意度

關於不同社會階層的人，他們的身體滿意度是否有差異，很少有研究進行探討。大部份的心理學家在他們的研究中，也未指出研究對象的社會階層。在目前的研究中，我們大多以社經地位來代表社會階層，因此，目前要去了解社會

階層對於身體意象的影響可能還是有一點小出入。

　　有些研究者比較不同社會族群之身體滿意度的差異，但目前還未有一致的結果。有些研究發現不同社會階層的女性對自己身體的關注程度不同。Wardle與Marsland（1990）訪談864位11－18歲不同社會階層的女孩，了解她們對與體重與飲食的看法。結果發現貴族學校來自高社會階層的女孩，她們對體重的關注程度最高，且節食的情形非常普遍。因此他們認為，不同社會階層的人之身體關注程度也不同，社會階層越高的女性對於自己外表的關注程度越高。其他相關的研究也發現，社會階層越高的婦女，對自己身體的滿意度越低（Striegel-Moore, 1986）。

　　然而，有些研究並沒有發現社會階層與身體不滿意度的關係。Josep Toro等人（1989）在西班牙進行一項大型研究，比較1554名12－19歲青少年對自己體型的評估以及飲食態度。研究對象來自不同的社經地位（社經地位是依照父母的職業來判定。50%的學生來自上流家庭（upper class）、25%來自中產階級（middle class）、21%來自勞工階層（working class）、另有4%家長失業中。他們發現社會階層與飲食態度或身體不滿意度無關。他們認為，雖然研究對象來自不同的社會階層，但是他們同處一個文化之下，所以不論是男性或女性，他們對於體型的關注以及不滿意度並沒有差異。同樣地，Robinson（1996）在美國針對年輕女孩做的調查，也發現類似的現象。他們請939位12－13歲的小女孩填寫問卷，內容包括父母的教育程度（當做社經地位指標）與

身體滿意度。結果發現父母的教育程度與個體的身體不滿意度無關，也就是說年輕女性的社經地位與身體關注程度無關。他們認為，追求纖瘦的風氣已超越中上階層，而散佈至勞動階層的女孩。因此對女性而言，對身體的關注不再與社會階層有關。

　　Robinson（1996）認為，西方文化中要求纖瘦的情形越來越一致，這反映在不同社會階層的人，他們對身體不滿意度的一致性，因此我們必須審慎處理此一現象。一些社會評論家認為，大眾媒體創造出相似的文化壓力，使得不同社會階層的個體受到同樣的影響。在20世紀，隨著傳播媒體的發展，大眾從媒體（雜誌、電視或電影）中接受到同樣的「理想體型」。由此觀點來看，不同社會階層的人，他們都接收到來自媒體的理想影像之社會壓迫。不同社會階層的人，他們看著同樣的電視、同樣的電影、同樣的雜誌，也追求同樣的時尚流行（雖然低收入者所買的是比較便宜的衣服），所以理想體型也就散佈至每個社會階層（Featherstone, 1991）。

　　心理學家也發現在西方文化中，不同社會階層的個體他們心中的「理想體型」是相似的。在一個社會階層對於理想體型的影響之經典研究中，Well與Siegel（1961）詢問120位來自不同社會階層的成年人（上流社會、中產階級以及低階層），用強迫選擇的方式，請他們評估不同體格者（一般身材、強壯型、纖瘦型與肥胖型等）的人格特質。他們發現在人格特質的分類中，並無社會階層的差異。不論是男女、那個社會階層的人，他們都給予強壯型的身材正面評價，且男

女評量者所評量的內容並無差異。在這個研究中，發現男性理想的體型並無社會階層的差異。由第三章的訪談資料來看，不同社會階層的女性，她們心中的理想身材也是相似的。不論是大學生、女服務生、店員、老師、護士、推銷員、健身者以及清潔工，她們心中的理想體型都是苗條的體型。

在最近的一項研究中，Hodkinson（1997），邀請來自職業類別二（為中階層—老師、護士、經理）與類別三（低階層—店員）共十位男性與十位女性，請他們談論體型與工作之間的關係。受訪者（不論他們的職業）都認為過胖的人工作效率低，瘦的人精明能幹，所以雇主喜歡請瘦的員工。如果你瘦的話，你的工作機會比較多，而且瘦子也比較容易在工作上展露頭角。由這些反應來看，這個社會對於肥胖者有相當大的歧視，使得肥胖者的就學與工作機會較少（Crandall, 1995; Averett & Korenman, 1996）。所有的人都會將正面的特質（自律、健康、有活力、好相處）歸納給瘦子，而大家認為胖子是善良、體貼的。瘦也跟年輕連結在一起，他們認為如果你比較瘦，看起來會年輕一些。雖然這些資料只來自少數的職業團體，但很有趣的是，在這些不同行業的人當中，他們對於體型的偏好與想法是相當接近的。

在過去，不同社會階層者對於理想體型的看法有所不同。對於過去的現象，我們只能從歷史的考據中來了解不同社會階層對體型的看法。到了20世紀以後，我們可以很明顯地看到中上階層的人特別關切他們的身體，因為他們投注相

當多的時間與金錢在追求流行上，業者也依據這群金主來創造時代潮流（Orbach, 1993）。這群有經濟能力的金主，自然就領導整個時代潮流的脈動。這也代表，只有有錢人家才可以追上所謂的理想。當資源有限的時候，豐腴也就反映著財富，而服裝也會以這群豐腴的人為主（例如十九世紀中業的英國）。當資源豐富的時候，大家不會害怕饑餓時，財富就反映在苗條的人身上。有錢人家就會在服飾上動腦筋，而這些服飾通常要求特別的體型，使他們能與眾不同。

Susan Bordo（1993）發現，在19世紀以前，身材是社會階層的一種指標，中產階層者為了展現自己的財富而把自己吃的胖胖的，但是貴族則擔心別人發現自己的財富，而儘量讓自己保持苗條。這種趨勢的產生，主要是因為中產階層者要當管理者，必須展現自己有能力去管理勞動階層。瘦不論在男性與女性，經常代表著有能力與成功的表徵，而肥胖則代表著缺乏自我控制力。Bordo發現，苗條仍與上流階層有些關係，但是這樣的連結漸漸消失中。在媒體上，胖子經常是勞力階層的代表，且胖子也經常扮演著懶惰、缺乏管理能力的人。在西方文化中，身體經常是一種力爭上游達到成功的表徵符號，例如一些電影男主角經常在失敗後，重新鍛練自己的身體後再度反敗為勝。

Susie Orbach（1993）認為，流行文化經常與中上階層者相伴而行，因為他們是最大的消費族群。在1960年代，英國女星Jean Shrimpton是一個代表人物，她來自上流社會，靠著纖細的身材擔任廣告明星，她經常在一些時尚雜誌中亮

相。她的穿著由中上階層的設計師製作，而這些服飾經常是很新潮、反傳統。這些年輕的有錢人，他們經常喜歡挑戰傳統與熱愛自由，所以這樣的新潮服飾正好投其所愛。而新的體態（瘦）也正好表現出自由與反傳統的精神。「窈窕美女」也是勞工階層打入上流社會的跳板。Twiggy，她是來自勞工階層的模特兒，但她從不隱瞞她的出身，意味著「苗條」的身材可以讓她們獲得自由與優雅的風韻。在美國，瘦也是美國夢的一部份，它代表著每個人都可以成功。

事實上，利用苗條來麻雀變鳳凰是一種假象，因為就大多數人而言，要達到流行的體型意象必須有經濟能力。流行服飾以及塑身美容公司，所塑造的形象皆不斷地更新而那必需要有錢和時間才能達成。我們都知道，要讓自己身材苗條需要相當的代價，並不是每個人努力之後都會有效果（whitehead, 1988；Cox, 1993）。隨著社會階層之不同，對於肥胖的看法也有不同。以勞工階層來說，如果以主流社會的標準來看，她們很多都會被認為是胖女人（Sobal & Stunckard, 1989）。目前，對於大多數的人而言，要達到理想的體型—苗條、結實具肌肉，是需要投注相當多的代價（除非他們的工作中就可以達到此一效果，如健身房教練）。April Fallon（1990）認為要變成標準的帥哥美女以前，你必需要有錢，因為你要花時間上健身房或塑身中心（甚至是整型手術）。她認為身體本身，就可以區分出不同的社會階層。〔譯者註：在國內這個現象也是存在的，不一樣的是在穿著上，因此國內倣冒品很多，我們也可以買到很多night city（夜市牌）的流行服飾）。

　　除了每個人在維持身材所能獲得的資源不同之外，社會
階層也會影響到個體是否願意去改變自己的身體。Pierre
Bourdieu（1984）發現，不同的社會階層對於外型的內涵也
有不同的考量，導致外型上的差異。他發現，勞工階層以工
具性、功能性的想法來看他的身體。他們會利用運動來讓自
己變得更強壯，例如健身、重量訓練以及球類運動。另一方
面，支配階層則把身體視為增進自己權力的方法，可以讓自
己更健康，或使自己更賞心悅目。跟據Bourdieu的看法，支
配階層選擇利用運動來讓自己更健康或更好看。但是運動的
方法各有所好，有些是不花錢的，但有些是需要投注金錢
的，這是另一個需要討論的議題（Bourdieu, 1986）。

　　研究者認為，社會階層與理想體型無關，因為不同社會
階層的個體都一致地追求苗條的身材。有關社會階層與身體
滿意度之間的關係，目前尚無一致的答案，使得許多有關身
體不滿意的研究結果，被認為只是中產階層的現象。社會學
家認為社會階層影響的是個體對於身體的概念，中上階層認
為身體是一種美學的表現，而勞動階層則認為身體是一種工
具；因此雖然大家都會靠運動來維持身材，但是主要的目的
各有不同。研究人員應該做更廣泛的探討，以了解不同收入
與社會階層之身體意象的差異，未來有關體型滿意度的研
究，必須跨越常被心理學者用來研究的中產階級。

體型與性取向

　　大部份的研究都著重在身體的美學觀，比較少有研究會探討性吸引力的層次。身材事實上與性的吸引力有很大的關係。有一些研究者將重點著重在體型、身材與性吸引力之間的關係，並有一些有趣的發現。另外，大多數的研究都以對異性之性吸引力為主要課題。社會心理學家與社會學家認為，性方面的身材偏好是學習而來的，並且會受到當時文化的影響。所以他們會深入了解文化如何影響一個人對於某種身材的偏好，當然也會討論異性身體的吸引力以及同性身體的吸引力。以演化的角度來看，我們對身材的偏好應該是與傳宗接代有關，會找健康能生的個體；例如會希望女生屁股大、胸部大，而男性則是強壯。從這樣的角度來看並不能解釋目前對於理想體型的偏好（苗條的身材）。這一節將分成四大部份，分別探討異性戀女孩、女同志、異性戀男性以及男同志對於體型、身材方面的偏好。

異性戀女性

　　許多研究人員，特別是女性主義者，他們將研究著重於女性所經驗到的一種社會壓力，就是女性必須具有某種身材以吸引男性的注意，即所謂的女為悅己者容。Nickie Charles 與 Marilyn Kerr（1986）訪談了200名英國女性發現，她們追求苗條身材的主要原因之一就是要吸引男性。大部份的女性

都表示，她們需要維持自己的身材以保持自己目前的性關係。許多女性表示，她們的另一伴會注意到她是否變胖，並告知她們何時需要減肥。Charles與Kerr認為，身體意像與性吸引力有密切關係，特別是在生完小孩以後，女性即會感受到來自男性伴侶要求她們恢復苗條身材的壓力，以維持他們的性關係。他們認為這種不健康的理想體型，使得女性常常對自己的身體感到不滿意，並且會影響到性生活。

在我們的訪談中（第三章），發現有些女性覺得自己的性關係不順利，主要是因為她們相當在意自己的身材，經常覺得自己有點胖。當她們覺得自己身材好時，她們很清楚自己會希望有更多性行為。相反地，許多女性都說她們的性伴侶覺得自己很性感，即使自己有點胖，對方也不會感到不滿意。例如一個23歲的女性：

我休假一個禮拜，這段時間我把自己打扮的很性感，我的性生活並不美滿因為身體意象的關係。大部份的時間我跟他都想要有一段親密關係，但是我就是不敢脫下衣服，我不想讓他發現我是多麼的胖。

性關係與身體意象之間的關係是相當確定的（Weiderman & Pryorm 1997）。Werlinger（1997）發現，在美國，當女性變瘦時，她們的性需求也會增加，主要是因為她們有更正向的身體意象。然而，性關係與身體意象之間的關係也相當複雜的，牽涉到自信（許多來自於對自己身體的滿意度）。

　　在我們訪談的女性中，有些人認為身材大小很重要，一般來說她們的先生都比她們還要胖，所以跟她先生在一起的時候，會因與先生的體型比較以後感到較為滿意：

　　　　看到一些人的身材，會讓我好過一些，因為跟他在一起的時候，會覺得很好、覺得自己很嬌小。我有一個男朋友，他相當壯，看起來就像汽油筒。我穿上他的夾克，會覺得自己好像小矮人。我喜歡這種感覺，這讓我覺得相當舒服。

　　　　有一天，我先生試著穿我的衣服，結果發現穿不下去，他說「我必須去減肥了」。這很有趣，但我覺得很高興，因為他穿不下我的衣服。

　　　　這一類經驗對於抱持傳統看法的女性而言較有切身關係，她們比那些傳統觀念較少的女性更重視身體意象（Cash, 1997）。

　　比較女性所知覺的男人心中理想的女性體型，以及男性本身對女性實際的偏好，會有一些有趣的發現。April Fallon 與 Paul Rozin（1985）詢問248名男性以及227名女性，所採用的方法是 Stunckard（1980）所發展的光柱法，請他們指出目前的身材、理想的身材、能夠吸引異性的身材、自己所欣賞的異性身材。研究者並未區分他們的性取向。大部份的女孩子都覺得自己目前的身材比理想的身材還要胖，而認為可以吸引男性的身材剛好夾在理想身材與目前身材之間。男性的目前身材、理想身材以及可吸引女性的身材都差不多。很

有趣的是，不論是男性或女性，他們都錯估了異性的欣賞角度。男性所選的身材比女性欣賞的男性身材還要強壯，而女性選的身材比男性欣賞的女性身材還要苗條。作者認為男性基本上對自己的身材還算滿意，但是女性對自己的身材則不滿意，而且會覺得男性欣賞較瘦的女孩。

在美國的Sue Lamb（1993）也發現，女性傾向認為男性喜歡較瘦的身材。她們發現女性心中認為理想的體型比男性所偏好的體型還要瘦，所以女性對於瘦的要求可能過於敏感了。這部份可能來自社會環境的壓力，例如減肥、塑身產業的推展與宣傳，讓她們覺得自己應該要更瘦。

Gail Huon等人（1990）和Fallon與Rozin（1985）有相似的發現，他們在澳州進行研究，請South Wales大學一年級普通心理學課程之40名男性與40名女性學生進行研究。在研究中，他們必須選取理想的女性體型、她們目前的體型（男性以他們最要好的女性朋友為對象）、以及她們認為男性喜愛的體型。他們從1-2張照片中選取，這些照片是固定的模特兒，經過電腦修正後，調整出不同體型的照片。男性直接預測女性偏好的身材。女性所喜愛的女性體型是最瘦的，然後是她們認為男性所喜愛的體型，再來是自己目前的身材。作者認為女性的身體意象受到社會文化的影響，這樣的影響可能來自女性本身或男性。

大多數演化論之心理學家認為，我們對性伴侶體型的偏好與生物因素有密切的關係。根據Buss（1989）的看法，女性的身體魅力來自於她是否能夠生小孩。能夠順利生小孩以

及能夠好好地撫養小孩也是擇偶的重點（譯者註：這也是為何老人家會說選屁股大、胸部大的女生）。Buss認為男性（無論哪種文化），對於女性身材的要求會比女性對男性身材的要求還要強烈。他認為兩性對於身材的要求是文化共通性的，這源於演化過程中男女分工的狀況，男性從事打獵活動，而女性必須準備食物與養育孩子。在天擇之下，使得男性與女性的身體必須能夠適應這樣的角色，在正常體重之下，男性要比較強壯，而女性則是能夠繁衍後代。根據演化論（Buss, 1987; Kenrick, 1989），女性的身體吸引力就很重要，因為她要確保男性能被她吸引，然後可以好好照顧她們母子。

　　Devendra Singh（1993）認為，男性對於女性身材的偏好，決定於女性需有正常體重與腰與臀部比率，那代表生育能力。在青春期，女孩子很容易在腰與臀部上變胖。這對男性而言，正好是「能生育」的表徵。根據Sing的看法，他認為健康能生育的女性其腰臀比通常為0.6至0.8，這表示腰圍是臀圍的60至80%，不論體重多少都適用這個標準。當女性進入更年期時，她們的腰臀比會增加，會與男性相仿，大約為0.85-0.95。她認為高腰臀比的女性通常比低腰臀比的女性較晚生小孩。他也發現低腰臀比通常較健康，低腰臀比的人比較不會有糖尿病、心臟病以及中風等肥胖者常見的疾病Singh, 1993：295）。他認為腰臀比是性成熟、具生育能力與健康的一種可靠指標。

　　Singh從花花公子雜誌的封面女郎與美國小姐中選的佳

麗進行分析，發現在1980年代所選中的女性比以前的女性還瘦，她們的腰臀比約為0.7。當邀請男性選取性感、健康、具有生育能力的女性時，發現大多數的人會選0.7的腰臀比。而這個比率是在圖6.1中最瘦的人。Singh認為，體脂肪的分布

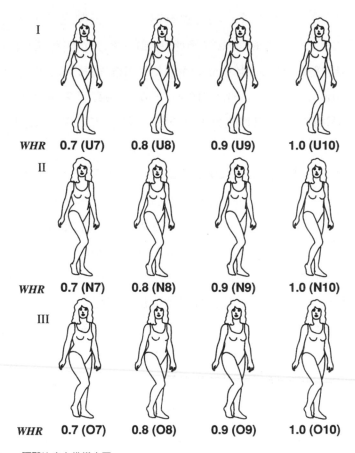

I
WHR 0.7 (U7)   0.8 (U8)   0.9 (U9)   1.0 (U10)

II
WHR 0.7 (N7)   0.8 (N8)   0.9 (N9)   1.0 (N10)

III
WHR 0.7 (O7)   0.8 (O8)   0.9 (O9)   1.0 (O10)

圖6.1 腰臀比之女性樣本圖

來源：Adapted from Singh (1993). Copyright © 1993 by the American Psychological Association. Adapted with permission

在評估女性的健康、生育能力以及性感等方面扮演重要的角色。為了能吸引男性，女性必須有正常體重且低腰臀比，要特別注意的是，個體對於性感的評估不是依賴過胖或過瘦的體型，主要是來自是否健康。

　　Singh認為腰臀比可能是身體吸引力的最初步驟，男性一開始似乎比較喜歡與低腰臀比的女性接近，因此高腰臀比的女性自然被排除在外。另一個篩選標準是，文化對於美的界定（例如胖瘦、外貌五官）。所有的社會學家都偏好低腰臀比（不論胖瘦），主要是因為這表示個體比較健康。

　　在Singh的研究中，他提供給受試者選擇的圖形，並沒有涵蓋所有腰臀比的圖形（例如比0.7更低的腰臀比）。對於腰臀比為0.7－1.0這群族群，該研究並無法有效地說明這群人是如何看待她們的身材與「性感」的表徵。很有可能低於0.5的人反而不受到男性的注意？因為低於0.5的女性非常少，所以大多數的研究都在探討0.5-0.6之間的這群族群。根據Singh的看法，這群個體應該比0.7的個體還要有吸引力。在緊身的服裝或貼身的服裝流行之時（Singh, 1993：296），也就突顯了大家對於低腰臀比的追求，尤其是一些講究腰身的服裝，更是需要良好的曲線才能穿出亮麗的色彩（Brownmiller, 1984）。雖然Singh認為低腰臀比的女性會比高腰臀比的人還俱吸引力，為了確定適當的腰臀比為何，必須探討此一效應的限度。

　　大部份的演化理論學者（Buss, 1987）都認為，吸引力是為了「交配」—繁衍後代。然而，Singh發現生育能力似

乎與「健康、年輕、美麗」是兩碼子的事。他認為女性對吸引力的評估與「生育力」是不相干的，所著重的還是美學的觀點。

　　雖然Singh的研究發現腰臀比對於男性的影響是跨年齡的，但是如要說明是否為先天的生物傾向，必須進行跨文化的比較。他的受試者大多是美國男性（白人和西班牙裔），因為他們都在共同的文化下生活（接受相同的傳媒訊息），所以所呈現的現象可能都是觀察學習而來的（大家對於苗條的偏好可能是在媒體的長期影響之下）。65%的男性認為一般體重的女孩子最有魅力，而35%的人認為較瘦的女孩子較具魅力。沒有任何男性會覺得過重的女性最具有魅力，儘管這些女孩不是真的過重很多，而影響到生殖能力或健康狀態（微胖的女孩，例如164公分68公斤的女孩）。在媒體上的美女大多數的腰臀比是0.7或0.8，所以大家對於這樣的體型會感到相當熟悉。以Singh的觀點認為模特兒的身材傾向腰臀比是0.7，所以隨著媒體的盛行，大家對於這種體型的熟悉度也就提昇不少，自然也「學會」欣賞這樣的體型。很有趣的是，異性戀女性（或男同志）都覺得這樣的體型最有魅力。如果體型偏好是一種學習歷程而非生理需求，我們自然也會發現男性對於體型的偏好應該是屬於大眾的口味。在Singh的研究中，並未分析受訪者的性取向，所以大多以異性戀的觀點來看女性軀體。（譯者註：因為要了解男性對於女性體態的偏好，要將異男與同志分開來分析，這樣才可以確定是否為傳宗接代的演化因素所影響；若是男同志，大多以美學

的觀點來欣賞女性，則異男可能會有不同的思維）。

　　在第三章我們花了相大的篇幅探討女性對於腰與臀部的在意狀況，這些部位是女性在發育過程中容易堆積脂肪的地方。在訪談的過程中，幾乎所有的女性都希望能夠減少臀部的脂肪（這會增加她們的腰臀比）。這些資料與Singh的想法正好相違背。雖然女性都希望自己瘦一些（比正常體重再瘦），但是在「生育」與擁有苗條的曼妙身材之間，她們心中面臨到相當大的衝突。如此看來，女性自己偏好的體型與異男所偏好的體型似乎有些差異（由第三章的訪談資料中來看會更清楚），但是女性會追求流行時尚而非取悅男人（雖然男性對女性的看法也很重要）。

　　社會心理學家與演化心理學家較少去討論胸部的性別意義，大多是功能方面的討論，而且是西方社會對於女性性感的評價標準。演化心理學家認爲，胸部大小與性吸引力無關，因爲胸部大小與能不能生育無明顯的關係。有腎上腺腫瘤的女性與人妖都會有大胸部，但是她們還是不能生育。Singh認爲女性有男性般的腰臀比率，則代表能夠生育。Desmond Morris（1985）認爲，女性會希望臀部變小，然後突顯胸部（主要是因爲女性認爲前面更具吸引力），而不是特別去增加自己的第二性徵，如隆乳。然而，大部份的社會心理學家認爲，男性會喜歡身材有曲線且胸部有點大的女性，是西方文化中男性所期待的完美典型。一些男性雜誌，如GQ、Esquire、Playboy，都會看到一些大胸部但是身材依然曼妙的模特兒。在針對花花公子雜誌（Playboy）封面人物

的研究中發現，隨著時代的改變，模特兒的身材越來越瘦，而且胸部也越來越大（罩杯也變成重要的考慮因素）。

Wiggins（1968）探討男性所偏好的女性身材，他找了105個不同體型的圖片，其小腿、胸部、臀部皆有差異。一般而言，男性偏好中小型臀部、中等小腿以及有點大的胸部。這樣的結果與Hatfield&Sprecher（1986）的研究相似。

Kevin Thompson&Stacey Tantleff（1992）作了一項有趣的實驗，請美國男性與女性依據不同胸部大小的男體圖案以及女體圖案（圖6.2），來說明他們心中理想的異性體型與同性體型、自己目前的體型與理想體型。整體而言，大家偏好大胸部的人。不論是男女，都覺得自己目前的胸部比理想的胸部小。男性所希望的胸部比女性的還要大。因為外在環境欣賞更大的罩杯，使女孩子都對自己的胸部感到不滿意，許多女孩子進而會去隆乳。不論是男性或女性，對於胸部大的

圖6.2　不同胸部大小的女性樣本圖
來源：Adapted from Thompson and Tantleff (1992) with permission.

人都會給予一些正向的形容詞，特別是充滿自信、受歡迎、成功的。對於小胸部的女性，正向的形容詞只有聰明與熱愛運動。

Susan Brownmiller（1984）很有趣地探索女性對於胸部的矛盾情結，這個部位對女性是相當隱私的（通常不會顯露出來），也是很公開的（尤其是男性最喜歡將焦點放在女性的罩杯上）。她也深入地探討男性的乳房情結，而這種情結導致女性同胞相當多的不適（擔心太大、擔心太小……）。

> 身體沒有任何一個部位會跟胸部一樣半公開，特別是像這樣隱私的地方；也沒有一個部位會像胸部一樣讓女性失去擁有權（譯者註：如陳文茜小姐所言，乳房是一種社交工具）。對於女孩子而言，她們可能會慢慢學會，原來胸部是一個公眾的美觀事物，特別是男性的觀點。這是一個特別的現象，大眾談論著妳的胸部，而且會讓妳覺得它好像是大家的。
>
> （Brownmiller, 1984：24）

（譯者註：很多男孩子在一起都會談女性的胸部，並且在媒體上也會以女性的胸部來大做文章，這突顯了胸部被物化、被公眾化的現象）。

如果男性偏好纖瘦且胸部大的女孩子，這對女性而言相當困難。如果要變瘦的話，可能要節食減肥。但是，減肥也會讓胸部變小。媒體上以男性為主要觀眾群的美女，經常是臀部小小的、腿長長的以及大胸部（Pamela Anderson就是一

個典型的例子）。要達到這樣的標準，女性必需要運動以及控制飲食（瘦臀與瘦腰），並且可能要做整型手術（增大胸部）。

在整型手術中，隆乳手術有逐年增加的趨勢。隆乳的個案，推估大約每五年就有加倍的現象（Wolf, 1991）。在1950年代，日本首度進行胸部整型手術，但是到了1960年代，儘管使用矽膠會影響身體的免疫系統，使用矽膠來隆乳還是越來越多（Meredith, 1988）。在1990年代，生理食鹽水取代了矽膠，並且隆乳後的負作用也減低很多。雖然大家都知道隆乳手術的危險，但是在美國每年都有超過一百萬人進行此一手術，在英國則有六千人進行此一手術（Davis, 1994）。根據 Kathy Davis的發現，大多數的女性做隆乳手術都是為了自己，而非伴侶的要求，她們認為那可以調整不適當的感覺，以及藉此重新掌握自己的身體。Kathryn Morgan（1991）以女性主義的觀點來看，雖然女性說隆乳是出自自由選擇，但是這自由並非是真實的，因為女性身體被物化，且文化以男性觀點出發所致。最近相當多的人開始採取女性主義的觀點來思維。Katherine Viner（1997）批評現今的流行趨勢，她認為整形手術雖然讓女性覺得可以掌握自己的身體、自己的生命，但也顯示它在防範女性對其身體的自主權，而使得女性具有厭食症、暴食症以及整型手術等潛在的危險性。她認為整型手術讓女性無法整體性地看待自己的身體，而且失敗的經驗會導致另一場心理創傷。Gillespie（1996）認為，我們可以在個人層次上激發女性的自我覺醒。但在社會的層次

上，則要挑戰女性的集體意識，也要讓女性知覺到社會的不公平待遇。

異性戀的女性很明顯地受到纖瘦理想體型的壓迫。大部份的研究都發現，女性比男性還要偏好苗條的身材。社會學以及演化心理學家指出，西方男性都偏好正常體重的男性。但是在文化的壓迫下以及塑身產業的推波助瀾，女性還是努力地追求苗條身材（Naomi Wolf, 1991，認為受男性支配）。最近隆乳手術的盛行，雖然女性口頭上說這是自願的，與自己的伴侶無關，但卻反映女性受到來自男性的壓力。我們很難切割女性的自我選擇與社會影響力。雖然女性認為從整型手術中，自己再度掌握了自己的身體，但是她們還是受到社會的壓迫—大家對於大胸部美女的偏好。

女同志

有關女性選擇女性為性伴侶者，她們身體意象所受的壓力程度很少有研究在探討，然而大多數的研究者認為，女同志所遭受來自性伴侶的壓迫比異性戀女性少。Brown（1987）發現，女同志文化不會追循社會中傳統身體吸引力的觀點，所以她們的身體滿意度比異性戀女性高，且較少會有厭食症與暴食症的問題。但是Andrea Dworkin（1988）認為，女同志還是受到社會文化的影響，跟異性戀女性追求相同的身體吸引力之社會標準。在女同志族群中也是一樣地追求傳統女性所認定的標準身材。

在美國的一項研究中，以少數的女同志以及異性戀女性

為研究對象，以了解她們的身體滿意度。結果發現，這兩群人在身體滿意度無差異，但是女同志的節食行為較少（Striegel-Moore,1990）。同樣地，Brand（1992）發現，女同志與女異性戀者在身體滿意度方面無差異，所以性別比性取向更能預測個體的身體滿意度。

　　Michael Siever（1994）比較53位女同志、62位女異性戀、54位男同志與63位男異性戀，他們對外表吸引力重要性的看法。結果發現，女同性戀者覺得外表不是那麼重要，且她們比其他所有人認為其伴侶不覺得外表很重要。女同志在身體滿意度方面，普遍比女異性戀者高（但是沒達到統計上的顯著水準）。許多女同志表示，在她們出櫃之前，她們對自己的身材感到相當不滿意，並且會有飲食異常的現象。Siever認為，女同志的文化讓她們可以免於對自己身材不滿意的傷害，且她們越受到這次文化的同化，對自己身體的滿意度也越增加。他認為，因為女同志的文化較不強調青春美麗，也沒有提倡像異性戀文化中不切實際的理想體型，所以她們比較不會物化自己的身體，且對自己的身體滿意度較高。

　　Siever發現女同志與女異性戀者的身體滿意度有差異，但這一切尚未定論。我們可以將Siever的研究做更深入的探討，以了解女同志如何建構自己的身體意象。在他的研究中，女同志的體重比女異性戀者重，所以這兩個族群的比較是有困難。還有，Siever的研究並不是要探討性取向對於個體的身體意象之影響。探討女同志的議題，勢必要將T與P做

個區分－T指在關係中扮演男性的角色，P扮演女性的角色（譯者註：原書使用dutch與femme，為了符合國情文中使用T跟P的概念）（Butler, 1991: Tuler, 1991）。當我們探索她們的身體意象時，這樣的區分相當重要，或許隨著角色的不同，她們的身體意象也有不同。（譯者註：在女同志的生活中，會分成T與P，T一般打扮較男性化，而P的打扮則比較傾向傳統的女性）。或許社會壓迫（對於身材的壓迫）對於P（婆）的影響較大，而去追求社會風俗盛行之苗條身材（來自主流社會文化、性伴侶的要求、女同志文化）。我們需要靠深度訪談去探索T與P在身體意象方面的差異。

　　了解女同志的團體氣氛，對於了解女同志的身體意象是很重要的。異性戀對於同志的歧視與排斥更是一個要注意的重點（Kitzinger, 1987）。Judith Butler（1991）認為女同志受到不被認同的壓迫：

　　　　在某個層次上，女同志是無法壓抑的，因為我們無法阻止一個人去思考、去想像，她們需要一些智慧去調整現實與認同中的差異。如何在沒有女同志文化的環境下，認同自己是女同志呢？或許目前反女同志的動作，就是為了壓抑這些文化的產生，讓大家無法去認同自己是否為一女同志？

　　　　　　　　　　　　　　　　　　　　（Butler, 1991：20）

　　Celia Kitzingert從Butler闡述女同志文化受壓迫的概念中，發現這種迫害是一種政治性活動（Kitzinger, 1987）。在

這種情境下，我們自然可以預期女同志會去反傳統、反男性宰治、反主流文化對女性外表的要求，以建構屬於自己的文化，也讓自己可以在這樣的文化下找到自己的認同。因為她們受到主流文化的歧視，所以她們會有更強的自我認同文化，以及激進女性主義者的支持。一種以女性為中心的思維，讓她們比女異性戀者對自己有更正向的身體意象。一些女性主義者（如Wolf, 1991）認為女性愛哲學（在女同志與部份女異性戀者之中），會使女性更能接納與喜愛她們的身體影像。一些女同志認為反同志的想法是一種政治性的決策（Kitzinger, 1987）。這些女同志會比其他女同志更容易受到主流文化壓迫追求纖瘦身材的影響。未來的研究，必須探討這些女性的社會支持、政治理念以及身體意象。

　　採取這種社會文化觀點的研究者，自然會探討性取向的社會壓力對她們身體意象的影響。像Michael Siever認為女同志的身體不滿意度較低。未來的研究工作必須探討與思考個體的社會支持、性別表徵、以及次文化對於身體意象的影響。

男同志

　　男同志可能比男異性戀者，感受到更多社會對於身材的要求。在同志的文化中，他們是男性所矚目的物品。一般皆同意，在男同志的文化中，他們相當重視身材（Lakoff & Scherr, 1984）。Jamie Gough（1989）發現，男同志文化在1970年代到1980年代有相當大的改變，他們開始重視個體的

身材，並強調強壯且結實的身體。對於生活在同志圈的人，可以更明顯地發現這樣的改變，同時大城市的變化比鄉村還要顯著。他對這樣的轉變很有興趣，或許是因為大家要打破同志就是娘娘腔看法（Marshall, 1981）。他認為，男同志的男性化，即身體必須結實具有肌肉，也是一種對男性的壓迫（Gough, 1989：120）。（譯者註：在國內，男同志圈內的個體也有一大群人在追求肌肉男般的身材，健身房也是大家常去的場所）

> 對於強壯男體的迷戀，不只是對身材的迷戀，也是在於要求某種達不到的東西。我們會發現性的吸引力是最大的壓迫，它不限於社交行為，還是一種生理性的反應。
>
> （Gough, 1989：121-2）

對男同志所進行之身體滿意度研究，一般都認為男同志比異性戀男性還要在意自己的外表。Marc Mishkind（1986）發現男同志比男異性戀者對自己的身材更不滿意，部位有體型、腰、二頭肌、手臂以及軀幹。他們的理想體型與現實體型之間的差距也比異性戀男性還要大，並且花費更多的心思在體重與節食上。在這個研究中，要特別注意的是，所選取的異男是來自普心課程的大學生。但是，這個研究也讓我們了解男同志承受著男同志文化要求理想體型的壓力。

在耶魯大學中，他們針對大學生進行研究，結果與Mishkind的研究結果相似。Beren（1996）發現，研究中之58

位男同志很明顯比58位異性戀男性，對自己的身體感到不滿意。這種自陳報告的問卷，基本上因為較不會受到同志社群的排斥，所以這個研究結果可信度高。在這個研究中，研究人員認為，因為同志文化強調外型，導致大多數的男同志對於自己的外型感到不滿意。結果相當支持他們的假說，這些同志對於自己的外型感到不滿意。因此，研究者認為，同志文化造成更多的身體意象不滿意。很明顯地，同志文化與身體滿意度之間的相關性在解釋時要更為小心。（在解釋上有兩種：一種是男同志文化強調外型而導致個體的身體滿意度低落；另一種是外型佼好的人，更容易受到身體意識強烈的同志文化之吸引）。不管如何，這顯示在這個社群中，存在著擁有「好的」身體之社會壓力。

Micheal Siever（1994）注意到許多研究人員認為，男同志的次文化會「迫使」男同志注重外表的吸引力，並且有些實證資料也證實男同志比異性戀男性更重視外表。在華盛頓大學的一項研究中，Siever請男性與女性填寫一些身體意象的相關問卷，其中包含：Franzoi&Shields（1984）的身體自尊量表（body esteem scale）、Cooper（1987）的身體體型問卷（body shape questionnaire）以及Stunckard的體型輪廓法（silhouette drawings）（詳情見第三章與第四章）。研究發現，男同志與異性戀女性一樣高度不滿意自己的身體。男同志比異性戀男性還要不滿意自己的外表，甚至比異性戀女性還要不滿意自己的身體。Siever認為男同志對於自己外表的不滿意狀況有兩個層面：與異性戀男性相似的是，他們擔心自己

的身材不夠強壯；與異性戀女性相似的是，他們擔心自己不夠美觀。當他們把自己身體物化並且認為外型是吸引力的來源時，他們自然就很容易對自己感到不滿意，因為他們的參照標準有兩大類——理想的男性與理想的女性。在男同性戀的次文化下，他們同時受制於理想男性體型以及理想女性體型的雙重標準。

　　對於男同志，我們不得不思考他們在社會情境下可能會遭受到的迫害。與身體意象相關的壓迫，讓他們感到心靈空虛。在他們的世界中，為了讓自己有更多的資源，就要努力讓自己成為「優質」的人（Mort, 1988）（譯者註：在國內也是相同，優質的人自然比恐龍更受到注意）。在1980與1990年代，相當大的男性市場主要消費者都是男同志（O'Kelly, 1994）。流行服飾、化妝品、其他與身體有關的商品，很快地打入同志社群中，也因此更助長了同志對於外貌的追求。在1980年代晚期，Frank Mort注意到，男同志開始吸取不同類型的人，粗曠派、陽光派以及流行派（譯者註：國內大致也可以分成陽光底迪、粗曠葛格等等不同類型），不同類型的族群皆有不同的消費取向，廠商與廣告商自然受益（Mort, 1988）。男同志從注重內在特質轉向外表的吸引力，主要是受到廣告與廠商的影響，由於他們的消費能力高，所以一些商人就動腦筋創造了陽光肌肉男的典範，也就促發了大家的消費欲，努力地追尋這樣的模範（O'Kelly, 1994）。

　　除了外表的重視以外，男同志還需面對社會對於同志的刻板印象，即男同志只在意身材是否恰當。主流的媒體文化

所塑造的男同性戀形象都是強壯的肌肉男。例如，星期天週報（Independent on Sunday）討論女性爲何不買針對女性設計的雜誌，其中一個問題就是這些雜誌選用男同志來當模特兒，並且傳遞著男同志只注意身材的訊息（Forna, 1996: 3）。女性主義者認爲男同志的身體已被物化，並且期待大家變成「同志身材」：

> 許多男同志跟一些女性一樣，他們常被當物品來觀看，並且被認爲相當有魅力。這也隱含著：一付好身材的重要性。
>
> （Brownmiller, 1984：71）

當女性與黑人的身體都被物化時，男同志的身體被物化其實就是是在削弱男同志團體的權力。在過去幾百年來，文化對女性要求美時，主要是爲了掌控女性的能力（Wolf, 1991），那麼男同志被物化是否也是一種社會控制呢？Diana Fuss（1989）認爲，同志被視爲會威脅到公衆安全，所以要讓他們將心思放在外表上。「男同志應該是陽光肌肉男」這樣的刻板印象就是一種潛在的社會控制，因爲異性戀害怕AIDS的傳佈，所以藉此來壓迫與控制同志。在英國（Kitzinger, 1987：Ellis&Heritage, 1989）與美國（Watney, 1995；Yingling, 1991），AIDS主要流行在異性戀的世界中。不論在有同志或沒有同志的社區，大家都以外表的健康來評斷個體是否染病。

大部份的研究會發現，男同志對於自己身體的滿意度比

異性戀男性還低。這可能是因為男同志文化對於身體要具有肌肉的追求，在主流的同志文化中，男同志比異性戀男性會更將身體物化（不管是否從同志社區出來者）。進一步的研究應該探索不同年齡層的看法，以及比較有同志傾向與無同志傾向之反應。在取樣上，目前的研究都選取方便樣本（容易取得資料的男同志），當然很可能是因為選取的是同志認同高的人，所以會高估了個體對於身體的不滿意程度。如同 Beren（1996）的研究，他發現同志認同越強烈者，他們對於外表更加在意（相對於缺乏認同的人而言）。所以當男人成為其他男人眼中的獵物時，自然就會比一般人更加在意他的身體。

異性戀男性

儘管媒體很努力地想讓異男（異性戀男性）去追求健壯的身材，但是我們很少有證據顯示，男性會因為來自女性的壓力而追求健壯的身材。Fallon&Rozin的研究（Fallon & Rozin. 1985；Rozin & Fallon, 1988）中，分析男性目前的實際體型、理想體型以及心中認為可以吸引女性的體型都非常相近，這也是為什麼研究者認為，男性的知覺使他們能保持滿意其身體意象。

在我們的訪談工作中（第四章）發現，男性會認為女性偏好結實且有肌肉的男性，但是他們不會刻意藉由運動或節食讓自己成為理想體型。大部份的男性其身材的壓力都是來自同儕團體的批評，特別是被認為肥胖的人。有一些健美先

生表示，他們健美的最初動機是爲了能夠更吸引女孩子。但是，在此之後，跟別的男性比身材是健身更重要的動機。然而，沒有人是爲了能夠更吸引女性而使用類固醇藥物。所以，男性健美的主要因素來自媒體的比較效應（第四章）。

Michael Siever（1994）發現，男同性戀與異性戀男性對性伴侶身材的重視程度，並無顯著的差異。如果男同志比異性戀男性身體物化現象更強烈，男同志對於身體的吸引力會更重視。異性戀男性與異性戀女性對性伴侶之身材的要求，並無差異。這個現象可能是，未把異性戀男性身體滿意度的因素放進去。同樣地，當問及異男、異女、男同志對於性伴侶之身體吸引力的看法時，會發現這些人的看法相似。這個資料很重要，因爲它顯示異性戀男性與男同志未像異性戀女性一樣，將伴侶的身體吸引力看得那麼重要。

大部份的研究者對於這樣的發現，並未進行深入的解析，若與第四章所得到的訪談資料整合來看，異男可以感受到女性對他們身材的期待，但是他們不會因此對自己的身體感到不滿意，這可能是性別文化平衡了這樣的壓力，因爲在目前的文化下，男性重要的是身價而不是外表。雖然環境一直促使男性朝具有肌肉的體型邁進（Mishkind, 1986），但是男性的身體滿意度並沒有受到影響。

以演化心理學的角度來看，女性所欣賞的男性應該是可以保護她們、照顧她們的類型。甚至達爾文Charles Darwin也認爲，女性會以男性的外表來選擇配偶（而不是因爲經濟能力或人格特質）：

　　不論是男生或女生，他們都會以貌取人。女性也跟
男性一樣，會依照男生的外表來決定是否與他交往，而
不是因為他的思想、社經地位或財富。

　　　　　　　　　　（Darwin, 1871，引自Singh, 1995：1089）

　　Devendra Singh（1995）發現，女性會依照男性的體型
來評估他的魅力。他認為，體脂肪的分部是決定哪個男性對
女性具有吸引力的主要因素。在青春期以後，男性下半身的
脂肪會漸漸減少，而上半身的一些部位會變寬厚（如肩膀、
頸部與腹部）。從航空總署的資料來看，包含歐州、亞州、
非州與拉丁美州等地的人，不論是哪種文化，大部分男性的
腰臀比為0.8-0.87。他認為這樣的腰臀比是健康的表徵，而
且代表年輕勇猛。在一系列的研究中發現，對於白人與西班
牙女性而言，她們認為正常臀腰比的男性是最具有魅力的
（見圖6.3）。Singh發現，當我們拿「腰臀比」與「社經地位」
來看對於女性的吸引力時，腰臀比會是主要的影響因素，因
為這個指標代表健康：

　　女性選擇配偶的指標是「健康」，健康代表著可以
　繁衍後代以及給予良好的照顧。

　　　　　　　　　　　　　　　　（Singh, 1995：1099）

　　當討論到女性偏好的男性體型時，遭遇到的問題會跟先
前所討論的男性所偏好的女性體型之議題相似。以Singh的
資料來看，並不能確定這些偏好是生物決定論，因為這些偏

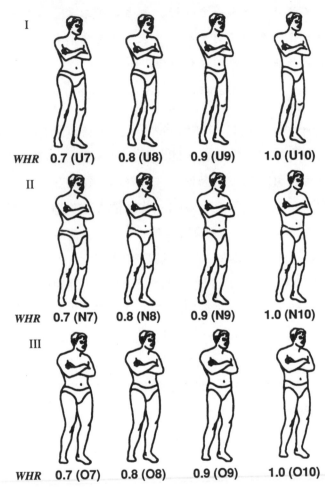

圖6.3　腰臀比的男性範例
來源：Adapted from Singh (1995) Copyright © 1995 by the American Psychological Association. Adapted with permission.

好還是有可能是學習而來的。因為他的研究結果都是美國本土的資料，這些女性都是生活在同樣的文化下。如果在不同

文化下的女性都偏好類似的男性，那我們就能說明這個現象
是屬於生物決定論非學習而來。Singh發現女性偏好的男性
是中等身材的體型，但是他並沒有去分析這些男性的腰肩比
率或腰胸比率，所以無法確定女性所偏好的男性體型。

　　Kevin Thompson與Stacey Tantleff（1992）拿不同胸部大
小的男性圖樣（**圖6.4**）請女性選取，結果發現女性偏好胸
膛雄厚的男性。大部份的男性都覺得自己的胸膛未達到自己
心中的理想標準。一般女性會認為胸膛大的男性很有自信、
很美觀、性能力佳、受歡迎。Thompson&Tantleff認為，基本
上女性（以及男性本身）喜歡胸膛較豐厚的男性。

　　演化心理學也認為身體的對稱對於性吸引力也相當重
要。Randy Thornhill&Steven Gangestad（1994）認為，對稱
的身材，對於個體的性吸引力非常重要。Thornhill是一個生
物學家，他對於對稱的影響力相當有興趣，他發現一些翅膀

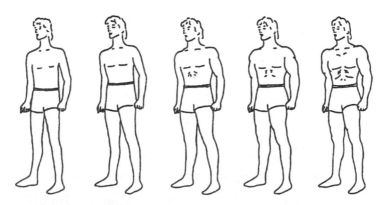

圖6.4　不同胸膛大小的範例
來源：Adapted from Thompson and Tantleff (1992) with permission.

對稱的飛蛾，它們比較容易獲取食物以及尋找到配偶。他與心理學家Gangestad一起研究人類的對稱性。他們找了數百名男大學生與女大學生，測量他們身體的對稱性。他們測量七個不同部位左右對稱的現象（腳掌、腳踝、手、手腕、手軸、以及耳朵），然後計算出每個人的對稱程度。不論是男性或女性，身材對稱性越佳者，對異性的吸引力越好。Thornhill與Gangestad認為，身體的對稱性與繁演後代的能力有關，因為代表著強壯、健康。雖然身材的對稱性與健康有關，但是對於這種身材的偏好也可能受到文化的影響。從Thornhill與Gangestad（1994）的資料可以發現這種偏好，但無法證明它有任何生物依據。

用演化的觀點來探討這個問題，會受到相當大的質疑，因為這些現象除了可以用動物模式來說明以外，也可以用社會影響來說明。雖然演化的觀點有其根據，但是我們還是不能排除文化的影響。Bob Connel（1987）認為，採取社會生物學（Socio-Biology）的觀點是準生物學（pseudo-biological）的看法，但我們不能用單純的生物學的角度來看人類的社會行為。雖然他們可以用科學的方式來解釋人類的行為，但是尚無法適當地操弄性別來探討其中的機制。社會生物學也是一種解釋社會行為的取向（可能是一種不正確的解釋，它經常主張性別歧視以及種族主義），並且會以自然淘汰（物競天擇）的思維來看個體的社會行為。Chris Shilling（1993）支持這樣的想法，他認為社會生物學可以補足人類配對行為中尚未解決的議題，而且認為這些社會行為主要是想讓優秀

的基因遺傳下去：

> 人就像機器人，他們受到一股力量的控制。人類的
> 行為與社會互動主要在於利弊得失的評估以及最後如何
> 讓自己的基因遺傳下去。我們根本不用去想社會如何去
> 影響個人的行為，因為社會結構根本不重要。
>
> （Shilling, 1993：50）

　　有些人認為以生物學的觀點來看外表的吸引力，主要是
可以解釋在性別分化的社會中，大家為何會追求某種身材。
Geoffrey Cowley（1996）引用Kartha Pollitt的看法：

> 將美國男人回歸到基因是一個神奇的想法。你可以
> 發現現代的生活不再是基因所能掌控的。
>
> （Cowley, 1996：66）

　　同樣地，Micaela di Leonardo也認為：

> 人類選擇配偶大多來自親友網絡。人類不再只是單
> 純地受到DNA的掌控。
>
> （Cowley, 1996：66）

　　April Fallon（1990）也反對生物決定論的觀點。她認為
一些生物特質與生殖有關，如月經、懷孕與哺乳，但是與吸
引力無關。同樣地，一些男性的特徵，如代表成熟與社會支
配力的男性表徵，與吸引力的關係也不大。她認為吸引力主
要受到文化的影響，例如在一些偏好肥胖的文化下，胖女人

自然就比瘦女更能吸引男性。

從異性戀女性與男同志的研究中可以發現，他們受到文化的影響相當大，以至於他們會努力地追求外表，會希望自己能達到所謂的理想體型。異性戀男性也會受到異性的一些影響，但是他們會覺得自己的身材已經接近理想身材，而對自己的身材很有信心。女同志所受到的影響較小，所以她們會比女異性戀更滿意自己的身材。從演化心理學家的角度來看，異性戀選取伴侶的標準是「健康」（女性是低腰臀比；男性是中等腰臀比與勻稱的身體）。但是這些現象也可以用社會文化的角度來看。演化心理學家無法證實這些現象是生物機制，而且他們的研究也頗受爭議。當我們看到這些資料時，會發現所得的結果都來自相似的文化背景，所以，身材偏好的爭論還是屬於後天（社會因素）與先天的戰爭。

摘要

◆ 本章探討了媒體對於不同年紀、種族、社會階層、性取向者之身體意象的影響。

◆ 研究證實八歲的小孩就有身體滿意度的困擾。不論是男孩或女孩，他們都跟大人一樣怕胖，而且他們的理想體型跟大人一樣（女生是苗條、男生是健壯）。不論何種年紀，女性的身體滿意度都比男性低。女性的身體滿意度並未因年齡增長而有變化，然而有些研究指出女性的理想體型隨著年紀增加而有越重的趨勢。同樣地，男人

變老時，他們對身體的不滿意度會增加，但還是比女性好。

◆ 研究發現非裔美人與非裔英人的理想體型較胖，其身體滿意度比白人高。這樣的資料顯示，活在西方文化的亞州與非州人，因為他們文化中的理想身材較胖，並且有較好的身體意象。但是最近也發現，這些族群的女性也漸漸不滿意自己的體型，這可能是因為生活環境的人都歧視胖子所致。

◆ 有關性取向與身體意象的研究中發現，異性戀女性與男同志對於他們的身體最不滿意，而女同志對於自己的身體最滿意，這可能是不同文化對於身材的要求不同，並且也突顯了不同族群的身體物化現象也不同。

◆ 從不同的年齡、種族、社會階層以及性取向之身體意象資料，突顯了社會文化的影響力導致不同族群的身體意象不同。

第七章　討論與應用

　　在前面幾章，我們已經統整了男性與女性的身體意象，並勾勒出西方男性或女性對身體的不滿意程度。就我們所知，不同族群（性別、社會階層、性取向與年齡）的身體滿意度也不同，一般而言，異性戀的白人女性對自己的身材最不滿意。年齡與社會階層對身體意象的影響不大。雖然年紀大的男性、白人男性與男同志被認為較不滿意自己的身體，但一般來說男性比較滿意自己的身材。女性整體來說，會節食以減輕體重，而男性即使意識到現在的體型與理想體型有差距，也不會想花心力去改變身材。如果男性要改變身材的話，他們會採取運動的方式。女性較容易對於自己的腰、臀部、小腹、胸部感到不滿意，男性則容易對腹部和肌肉量感到不滿意。大部份的女性都希望能減重，而男性則是有些人想增重，有些人想減重。

　　身體意象是一種受到社會影響的主觀感受。那要如何發掘社會對於身體滿意度的影響呢？我們則可以從不同的社群中，看看他們的身體滿意度是否不同。從研究結果發現，在不同的社群中，同樣的身材會有不同的評價。一個人的身材滿意度，並不是實際的體型大小，而是個體在所處的文化下所進行的主觀評估。從研究可發現，BMI（身體質量指數）

與身體滿意度並無明顯的關係。在Marika Tiggemann（1992）等人的研究中發現，任何年齡層的澳洲男性與女性，他們的身體質量指標與身體滿意度無關。真實的體重並不能預測個體的身體滿意度，而且也與自尊無關，也就是說纖瘦的女孩子並不代表她們的自尊高。

在英國的研究中，Adrian Furnham與Nicola Greaves（1994）也發現相似的結果。身體滿意度與身體質量指數並無絕對的關係，但是與自尊以及知覺控制力有關。在其他的心理學研究中也有類似的發現，因此心理學家認為真實的體型與身體滿意度無絕對的關係。很明顯地，我們對自己身材的知覺，並非決定於真實的體型。所以研究者主張身體意象是一種主觀、會受到社會環境的影響而改變之心理狀態。社會經驗、自尊、對於身材（生活）的掌控力，似乎才是影響身體滿意度的因素。

前面幾章幾乎沒談到社會對身體意象的影響。在第五章，我們探討現存的社會壓力（特別是媒體的壓力），鼓勵個體去挑戰有害的意象（Chapkis, 1986），重新建構這些外在訊息的意涵（Freedman, 1990），以及破除傳統的體型窠臼，進而建構出新美學、合乎「自然」、為人們所接受的體型（Bartky, 1990）。

在本章，我們會更進一步地回顧影響個體身體意象差異的因素。我們並會深入個體的心理狀態，去了解個體為何為在意自己的外型以及為何對自己的身材感到不滿意。如果我們可以找出這些促使個體對身材感到不滿意的因素，我們就

可以採取一些策略去促使個體正向地看待自己的身材。

低身體滿意度的族群

心理學以及社會學的研究中，發現有些人就是比一般人還要在意自己的外表。我們將回顧相關族群的資料：厭食症與暴食症者、經常運動者（包括健身者）、長期節食者。

曾經有異常飲食經驗者

有「異常飲食行為」（eating disorder）的個體，對自己的身體相當不滿意。我們將會回顧飲食與身體滿意度、體重關注程度、以及追求纖瘦的動機之間的關係。並且將深入探討能預測異常飲食行為的心理因素。

異常飲食行為一般指個體不正常的飲食行為，包括過度限制飲食攝取（神經性厭食症）、經常性暴食後催吐或使用瀉藥或激烈運動（神經性暴食症）；這些人經常都會在吃完東西後，用催吐、服用瀉藥、或努力運動去避免自己變胖。關於使用飲食疾患這個詞彙目前還有一些反對的聲浪，而他們是一群特別有飲食問題的族群（Orbach, 1993; Rosen, 1990），或只是對自己的身體極端的關注（Rodin, 1985; Chester, 1994; Dewberry & Ussher, 1995）。一些研究人員認為，有一些人與一般人相比，他們的飲食行為的確比較有問題（Raudenbush & Zellner, 1997）。許多研究人員認為，文化在「異常飲食行為」的發展中扮演相當重要的角色。一般認

爲，在強調纖瘦的國家中，他們會有較多的厭食症或暴食症
患者；從強調體態豐腴的國家移至強調纖瘦的文化，移民者
會有較多的飲食問題（Rosen, 1990）。雖然，很多女性都處
在強調「纖瘦文化」的國度裡，但是厭食症與暴食症並不盛
行，所以這種疾患是多重病因的複雜疾患（Orbach, 1993）。

　　大部份探討「異常飲食行爲」的研究，都將焦點放在一
般女性（通常是大學女生），而較少找診斷爲厭食症與暴食
症的病患，主要是因爲大學生較容易接觸，而接觸病人的機
會較小。（譯者注：國內的研究大致也是如此，大多的研究
都是從校園中取樣，只有少數的研究是從臨床的異常飲食行
爲的病患著手）。研究發現，有飲食態度問題較多的女學
生，其理想體型比一般女性還要纖瘦（Rosen, 1990）。例如
Debra Zellner等人（1989）重新驗證了Fallon與Rozin（1985）
的研究（見第三章），他們在研究中用飲食態度量表（Eating
Attitude Test，EAT）來找出異常飲食行爲者。該量表主要測
量節食狀況、對食物關注程度與自我控制。該研究由33位男
性與57位女性中，發現有9位女性與1位男性，達到「異常飲
食行爲」的標準。該研究並請受訪者從體型輪廓圖片中，選
取代表自己目前體型、理想體型、最能吸引異性的體型以及
異性最滿意的體型。他們發現，男性所選的目前體型、理想
體型與吸引異性的體型，與Fallon等人的研究結果相似。對
於女性，結果發現「EAT」分數高者，她們理想的體型與吸
引男性的體型相似，吸引男性的體型較理想體型略瘦一些。
所有的女性都希望自己苗條些，但是EAT分數高者，她們比

分數低的群體，渴望更瘦的體型。研究者認為，異常飲食行為傾向越高者，她們理想的體型比一般人還要瘦，證實他們高度追求纖瘦的體型。

有些研究開始探討大學女生與高中生，他們身體滿意度與飲食態度之間的關係，研究發現身體滿意度與飲食問題有顯著的關係（Rosen, 1990）。飲食問題越嚴重者，她們的身體滿意度越低，越覺得自己比較胖。

少數的研究會探討已診斷為異常飲食行為者的身體滿意度狀況。一些研究發現，這些厭食症與暴食症者的身體滿意度與一般人無顯著的差異（Garner, 1983; Wilson & Smith, 1989）。為何會與預期不同，可能是有一些混淆變項的影響，如偏食與低自尊（Charles & Kerr, 1986；Chesters, 1994）。事實上，若要進行社區的研究，應該要囊括不同飲食行為的個體，其中自然會有一些飲食行為偏差的個體（Zellner, 1989）。許多有嚴重飲食問題的婦女，因為沒有尋求醫療協助，所以不會被診斷成「異常飲食行為」（Charles & Kerr, 1986; Chesters, 1994；Zellner, 1989）。Liz Chesters（1994）訪談患有厭食症與一般的英國婦女，結果發現有厭食症與無厭食症的女性，她們在身體滿意度、對於減肥的努力、以及對於掌控生命的渴望，無明顯的差異。她認為這些人同樣對自己的體型感到不滿及關注食物。

雖然臨床病患與一般民眾在身體滿意度方面無顯著的差異，但是有些研究的確發現其間還是有些差異。Garfinjel（1992）發現93%的暴食症患者，他們過度在意自己的體

重。Cooper（1987）比較了厭食症、暴食症與無飲食問題者之間的差異，結果發現有厭食症與暴食症者，他們比一般人更在意自己的體重。研究發現，異常飲食行為始於節食（Rosen, 1990）。Wilson與Smith（1989）比較經常性節食者與暴食症患者之間對於體重關注程度的差異。結果發現，暴食症的患者比經常性節食者還要在意自己的體重。整體而言，異常飲食行為者比節食者更在意自己的體重。

雖然一般人都會認為對體型的不滿意會導致異常飲食行為，但是並未有豐富的證據支持。身體不滿意度可能是異常飲食行為發生的重要因素，但一定還有其他因素共同影響，才會導致女性飲食行為方面的問題。大部份的女性都對自己的體型感到不滿意，而且節食減肥者也很多，但是大多數的人不會發展為異常飲食行為。身體不滿意可能是發展為異常飲食行為的重要條件，但不是引發異常飲食行為的充份條件。事實上有許多因子與異常飲食行為的發生與持續有關，例如家庭關係與遺傳（Orbach, 1993）。接下來我們將會著重在心理因素，例如體型的知覺扭曲、低自尊與失控感。

對於厭食症與暴食症最常見的病因解釋是，個體高估自己的身材。Bruch（1962）認為身體意象的扭曲是神經性厭食症的病理特徵。其他研究人員也認為，厭食症的患者對自己的體型知覺有偏誤。例如一位身高168公分，體重33公斤的厭食症患者這樣說：

我每天都會照全身鏡四到五次，我真的不覺得自己

太瘦。有時在節食幾天後，會覺得自己的身材好糟糕。
大部份的時間，都會覺得自己怪怪的。我看著鏡子，深
信自己太胖了。

　　　　　　　　　　　　　　（Ganer & Garfinkel, 1981：265）

　　雖然厭食症的患者會高估自己的身材（覺得過胖）
（Smeet, Smith, Panhuysen & Ingleby, 1997），但是一般人也有
相似的現象。就如同第三章的資料，大部份的女性都會高估
自己的身材（通常是臀部、腰與腹部）。最近有一個研究，
將厭食症患者與一般人進行相同體型配對，結果發現這兩組
人體型的高估程度相似（Thompson, 1990）。很明顯地，厭食
症並不是因為個體對於體型知覺錯誤所致。

　　低自尊也是引發異常飲食行為的因素之一。當將研究焦
點放在自尊時，我們可以發現異常飲食行為者，他們的自尊
較一般女性有明顯低落現象。Eric Button（1993）也認為，
低自尊是引發異常飲食行為的主要因素。但是他的資料是來
自異常飲食行為者，所以要另外思考是否有混淆變項的出
現。

　　面對這樣的質疑，Button（1996）與他的同事進行前瞻
性研究，以了解自尊與異常飲食行為之間的關係。這個研究
用Rosenberg 自尊量表測量了594位11歲的學齡女孩的自尊，
在他們15歲時（共397位），測量其健康狀態，包含了EAT
（Garner, 1982－測量個體對肥胖的感覺與控制重量的方法）
以及焦慮與憂鬱量表（Zigmond & Snaith, 1983）。他們發現

11歲的自尊可預測個體15歲時的飲食態度。只有3%的高自尊者，其EAT-26的分數偏高；但28%低自尊者，他們15歲時之EAT-26的分數偏高。Button由此發現，低自尊的11歲小女孩，在15時較可能出現嚴重的異常飲食行為警訊。11歲的女孩在「在意肥胖的程度」得分越高，她們在15歲時的EAT得分也越高。但我們不能確定自尊是否真的為飲食問題的良好預測指標。因此，研究者應該在11歲時，也同時施測EAT-26與自尊量表。這樣就可以找出原先就有飲食問題的個案。當然，這個研究給我們一些新的視野—自尊與飲食疾患之間的連結。

這個研究還有一些有趣的現象，它推估15歲少女減肥的狀況。這群女孩子當中，有57%的人覺得自己太胖了，有46%過去曾經減肥，有19%目前正在減肥。其中有38%過去曾採用運動的方法控制體重，22%目前還是持續用運動減肥。令人驚訝的是，有9%用嘔吐的方法來控制體重，35%最近進行減肥活動。過去有4%的人採用瀉藥，而目前有15%的人使用瀉藥。過去有2%採用利尿劑，而有3%最近還在使用利尿劑。這代表有9%用催吐的方法、4%用瀉藥來控制體重，這是需要相當注意的事。

「失控」是飲食疾患的主要特色之一。Bruch（1973）認為罹患異常飲食行為之女性，通常來自高度控制的家庭、父母過度保護，使得這些小孩缺乏獨立性。追求「苗條」本身所隱含的是極度「控制」。減重，會讓個體感到自己具有能力。Slade（1982）認為處於罹患厭食症之高度危機下之女

性，利用饑餓來控制整個身體、處理壓力以及失控感。

　　精神分析對於飲食疾患的病因探索，大多來自於女性個案的臨床資料。Susie Orbacj（1993）將此稱為「我們這個年代的象徵」。她把厭食症比擬成「饑餓的抗爭」，婦女生活在社會的壓迫下—被貼上女強人的標籤，並用這種方式來因應這樣的衝突：

2
2
9

　　　女強人的迷思：穿著時髦、手提公事包、排滿行
　　程、信用卡、識別證。女性就是活在這樣的迷思中，成
　　千上萬的女性，在潛意識下追求著這樣的女強人形象。

（Orbach, 1993xxii）

　　她認為厭食是企圖賦予力量的方法，當你忙於事業的時候，你也沒空吃飯。為了了解女性為何用「厭食」這種挨餓的方式保護自己，她將厭食由社會脈絡角度來看。她認為社會壓力（包括媒體）促使女體物化，使得身體與心靈分離。一些女孩子利用厭食來表示抗議，用此來抗議社會的壓迫。她認為厭食這個現象不只是因為追求苗條。重要的是社會對於女性身材的要求，是對女性本身的否定，並且控制著女性本身的需求。社會推動著苗條身材，也讓個體開始限制飲食。她顯示有關減少食物是如何提升自尊，克服困境，讓自己覺得擁有掌控的權力。Orbach認為，要將厭食症與運動減肥者做一區分，因為減肥者的主要目的，是認為苗條是自己的權力；而厭食症者主要目的是，自我控制與對抗否定。

　　很少有男性罹患厭食症或暴食症。大部份的研究者認

為，異常飲食行為者中只有5-10%是男性，有可能是臨床工作者認為這是女性才有的問題，所以沒有辨識出男性的異常飲食行為者（Hsu, 1990）。一般對男性較少罹患異常飲食行為之解釋是，因為社會並不認同男性過瘦之體型，社會所期許的男性體型是健壯的體型，因此男性過瘦會受到社會負面的反應，男性與女性不同，他們也就不會以挨餓的方式讓自己變瘦（Orbach, 1993）。男性變瘦並不會得到社會的支持。目前對於飲食疾患的男性，大多數的研究者還是著重在媒體效果。在星期天獨立報（Independent on Sunday）的文章「厭食症：有九十個男性有這個問題」（Dodson, 1996），Roger Dobson認為，當暴露在媒體中的男體越多，男性得厭食症的機會也增加，同時也帶來低自尊、角色衝突。這個現象可以從男性厭食症的研究中獲得證實（Krasnow, 1997）。

在某些層面上，厭食症的男性較厭食症之女性更是社會學家的一大挑戰，因為若用厭食症的女性之傳統理論概念去分析，可能無法解釋男性厭食症，因為整個社會並不會要求男性要「苗條」，所以他們的行為並不會得到社會的增強。所以，應該有其他因素促使男性成為異常飲食行為者，例如低自尊、感到失去控制力。隨著男體在媒體中呈現的機會增加，再加上男體的物化，一些心理的困擾也就容易產生（Orbach, 1993）。或許，男性就跟女性一樣，會以媒體上的男體當做身材的標準，並且會努力追尋這樣的標準。但「變瘦」將使個體遠離具有肌肉的理想體型。

研究異常飲食行為的學者認為，對體型的不滿意並不會

引發厭食症或暴食症，一定有其他因素促使異常飲食行為的產生。有飲食疾患的個體經常覺得自己低自尊、缺乏掌控能力、並且過度在意自己的體重與身材。對於身體的不滿意以及社會環境對於瘦的要求，是重要的因素，但不是決定因素。感覺自己無法掌控自己身體的需要、低自尊、過度關注體重與體型，似乎才是促使異常飲食行為發生的因素。

長期節食者

身體不滿意常導致節食，特別是女性。對於長期節食者，他們開始節食可能是對自己身體不滿意（Charles&Kerr, 1986）。事實上，節食好像與個體的身體意象、自尊與失控感無關。由第二章的資料來看，我們可以發現節食會導致體重增加以及相關的健康問題。在第三章，我們可以發現節食者因為節食產生一些罪惡感。有些資料顯示，有時節食也會導致暴食、低自尊、感覺無法掌控、覺得自己胖、以及對身體的不滿意度增加（特別是對節食之後改變的身材）。

Christopher Dewberry與Jane Ussher（1995）發現，長期節食者顯著高估他們的體重，當問及他們的體重時（非常胖、一點點胖、剛剛好、有點瘦、非常瘦），他們會說他們相當胖。此一結果支持其他的研究，顯示經常節食的女性傾向高估她們的體重（Garner, 1984），但是她們並沒有說節食與過重之間的因果關係，或許這兩個變項之間是一種複雜的關係。

Marika Tiggemann（1996）以問卷與體型輪廓法調查178

名澳洲女性，研究發現這些女性是覺得自己太胖而節食。我
們要區分是「認為」自己太胖以及「覺得」自己太胖，「認
為」是認知層面的想法，「覺得」是情緒面的感受。她認為
這些事件是連鎖反應，這些人先「認為」自己太胖，然後就
節食減重，一直持續減重，最後減重失敗，後來就變成「覺
得」自己太胖了（也可能導致低自尊）。由其他的研究也可
以發現，「覺得」太胖與節食的頻率有明顯的相關（Striegel
- Moore, 1986）。Tiggemann認為只有長期研究，才可以清楚
地區分因果關係。

232

　　有關這個議題的研究經常有一些問題。這些研究經常選
取兩組人，一組是正在節食者，而另一組是沒有節食的人，
然後探索兩組人在身體滿意度方面的差異，但是一個很弔詭
的地方是，我們都知道會節食的人經常都是對自己的身材感
到不滿意。同樣地，如果沒有經過縱貫面或實驗操弄來看，
我們很難去正確區分節食者與未節食者之間的基本差異，因
為有些差異是本來就會相伴而來的，如體重。任何實驗性操
弄的研究，我們就要考慮倫理的問題，因為我們不能強迫那
些人去節食（節食對健康有負面的影響）。在Tiggemann的資
料中發現（有關節食的認知影響報告，以及一些婦女在節食
失敗後有低自尊與罪惡感的報告），節食會增加個體對身體
的關注程度以及不滿意程度。未來的研究需要去驗證其因果
關係。

　　一些研究者認為，長期節食會導致個體對於飲食失去控
制力，使得他們有時陷入饑餓與暴食之間的循環，導致他們

對自己感到相當不滿意、罪惡感以及低自尊。在一些強迫性
節食的研究中發現，過度的限制飲食攝取，當節食禁令消失
時，便會伴隨著暴飲暴食，而感覺失去控制力。Keys（1950）
發現，36位男性減少平常一半的熱量攝取量十二週。他們會
更關注那些被限制的飲食，並且會吃更多那些食物，只有
25%的人還維持在一般的體重（在研究後，他們就解禁可以
自由的飲食）。在這篇報告中，這些人也報告說有失控感。
在1980年代，有研究者選用女性複製了這個研究，
Warren&Cooper（1988）限制研究參與者的熱量攝取量，持
續觀察兩周的時間。結果發現，他們對食物失去控制力，會
更關注食物。

對於這些研究，參與者都同意減少自己在某些食物上的
攝取量（Charles & Kerr, 1986）。這兩組人都會一直在想食
物，並且覺得自己抵擋不了食物的誘惑。研究並發現，選擇
節食的人最後都變成低自尊（不是被迫節食者）。

由這些研究發現，長期節食者可能會陷入節食與暴食之
間的循環，因為對身體感到不滿意而節食、因節食而導致暴
食及失去對食物的控制力、因暴食而導致罪惡感與低自尊
（也可能因此而造成身體不滿意），就這樣不斷地循環。我們
可以發現節食與身體不滿意之間的複雜關係，而低自尊與失
控感扮演著重要的角色。

經常性運動者

最近開始流行以運動來減肥、保持身材，以減低自己對

體型的不滿意度。但是，有一些研究者認為，經常運動反而
會增加對自己身體的不滿意程度而非減少。

　　研究顯示，經常性運動之女性，可能會導致個體對體型
更加不滿意、過度關注體型與異常飲食行為的問題。長期以
來眾所皆知，對於一些女運動員而言，瘦是一件很重要的
事，除了可以增加表現能力以外，還會有美觀的效果（如舞
蹈家、體操選手），所以她們高度關注自己的體重
（Brownell, 1992）。Katz（1988）認為，高頻率的運動可能是
女性易罹患異常飲食行為的因素之一，特別是還具有其他易
罹患異常飲食行為因素的女性，如懷疑自己的掌控能力。此
一議題受到Davis與Dionne（1990）研究之支持，他們認為經
常性的運動，會讓敏感度較高之個體更加關切自己的身體。
自從Lucy Hasell與Alison Outram分析了1995-1996年罹患異常
飲食行為的英國運動員之後，他們特別對運動人士的飲食疾
患相當關切（Bee, 1997）。

　　許多研究發現經常運動的女性比一般女性還要關注自己
的體重（Katz, 1986）。Caroline Davis跟他的同事發現，體
重、節食與經常運動者之運動程度有正相關（Davis &
Dionne, 1990），所以研究人員認為，經常性運動可能會導致
個體不滿意自己的體型。這樣的結論有一些問題，因為我們
不知道這些人原先的身體滿意度狀況，是原來就對身材感到
不滿意、還是先前比較滿意在運動後才不滿意（當然很有可
能是因為個體對於身材不滿意才會運動減肥）。為了能解開
這樣的謎，必需將非運動者隨機分派為運動組與非運動組，

探討運動是否會影響個體的身體滿意度。目前的橫斷面研究無法說明因果關係，但是它還是可以提供一些訊息讓我們了解運動與體重關切度之間的複雜關係。

對於這些經常性運動的個體，我們覺得健美先生與健美小姐是需要特別注意的族群。雖然一些研究者認為，健身會賦予女性力量，讓她們能擁有不同的理想體型（Furnham, 1994），有些人認為，當這些健身者努力地減少脂肪與增加肌肉時，他們對自己身體的滿意度可能會降低。Jean Mitchell（1989）認為健身並不能賦予女性力量。她認為女性健身者只是追尋著另一種與苗條不同的理想體型，所以她們可能活在另一種文化的壓迫下。她認為健美者會跟那些厭食症的人一樣地不吃東西，特別是那些活在理想健美體格文化下的女性，她們會努力地改變自己原來的生活方式，讓自己更可以達到健美體格，例如改變飲食、努力運動減輕體重：

> 就像厭食症努力挨餓以減肥一樣，這些健美人士會增加電解質、努力地讓身體發揮最大的功效，每日不斷增加重量訓練的重量。像厭食症的患者一樣，她們會努力地達到心中的理想體格：強健的肌肉、唯美的線條、以及相當棒的身材。

（Mitchell, 1989：163）

Mitchell認為，女性厭食的歷程與健身的歷程兩者相當類似，她們都試圖地讓自己的身材維持在某種標準之下。她

認為強迫性的運動，就是試圖利用掌握自己的身材來讓自己感覺到可以掌控自己的生命，儘管她們的理想體型與一般人不同，但她們還是跟一般女性一樣，都對身體感到不滿意。她認為健美的女性，會去運動是因為自己覺得無法掌握自己的生命，他們與其他女性一樣不滿意自己的身體。

　　對於健美的研究，另一群人是研究健美先生的身體不滿意度。Harrison Pope與同事（1993）發現，有些健美先生會有負面的身體意象，他們稱之為「反轉性的厭食症」（reverse anorexia）。我們可以發現，一些男性會覺得自己太瘦小，很希望自己擁有更強壯的體魄。Pope訪談了108位美國男士，其中有一半的人使用類固醇。所謂「反轉性的厭食症」的個體，他們有著固執與非實際的信念，覺得自己太瘦或太弱小，為了讓自己強壯，所以每天努力運動（會穿一些寬大的衣服掩飾自己弱小的身材）。研究中詢問他們是否使用類固醇，以及他們是否認為自己太瘦小，所以使用類固醇來改善體型。結果發現，在55位使用過類固醇的人之中有9個為「反轉性的厭食症」；那些沒有使用過類固醇的人，皆不是「反轉性的厭食症」。在這9位之中，有四位認為自己太瘦小所以使用類固醇，有四位是在使用類固醇時，才警覺到自己太瘦小了。Pope認為，健身者會對自己的身體感到不滿意，是因為處於健身文化的情境下（其他健身者與健身雜誌）。他們認為「反轉性的厭食症」可能會促使（或延續）個體使用類固醇。雖然健身文化讓個體感覺自己的體型太瘦小（與其他健身者的比較），但是他們很可能在未接觸到健

身活動時，就覺得自己不夠強壯。覺得自己太瘦小可能會促
使個體去健身，但個體去健身更會突顯自己的瘦小。很明顯
地，健身與身體滿意度之間是一種交互影響的過程。

　　接下來，我們會整理一些運動對於身體意象之負面影響
的研究結果。但是這些負面的影響只限於少數的運動者，而
且我們可以發現，他們在運動之前可能就對於自己的體型感
到不滿意。由一些研究結果來看，對於一些人來說，經常運
動會促使他們關注自己的體型。當然，我們必須把這個現象
放在整個環境中來看。我們會發現，只有少數的人會強迫性
的運動。事實上，大部份的人都很難開始運動或持續性的運
動。這也就是為什麼當我們發現運動所帶來的負面效果時，
但還是沒有影響到推動運動的活動。由研究資料顯示，只有
少數的人會因運動而更在意自己的體重，因而影響到生活
（Furnham, 1994）。當然文獻也證實，運動可以增進個人心理
與生理的健康，甚至可以改善個體體型的滿意度，以減少異
常飲食行為的發生（Crago, 1985）。運動對於個人生理與心
理健康的好處，已經蓋過了可能的缺點。所以由大部份的資
料來看，運動有絕對的好處，不論是男性或女性，應該要有
適度的運動。對於一些個案，如懷疑自己的掌控能力，他們
可能會產生強迫性的運動行為，不過他們是相當少的例子。

發展正向的身體意象

　　針對身體滿意度特別低的個體所進行的研究，可以幫助

我們了解那些因素與建構正向的身體意象有關。研究容易罹患厭食症與暴食症患之男女兩性、過度運動者以及長期節食者，研究結果發現低自尊與知覺缺乏控制力，容易對身體感到不滿意。那些長期節食者，當他們無法達到應有的效果時，他們的自尊便可能降低。雖然他們覺得可以利用節食與飲食控制，來控制自己的生活，但是另一方面，他們也會因為減重失敗而產生低自尊。由於社會對於胖子以及失控感的負面觀感，一些業者也就開始搭上商機販賣節食食品（也推銷減肥餐）——些低脂、低卡路里的食物（Orbach, 1993）。當人們感到失去控制力時（特別是青少年，Pennycook, 1989；或者有強烈的內在衝突或生氣, Epstein, 1989），或者是低自尊（Orbach, 1993），人們就很容易出現厭食的症狀。個體可以藉由控制自己身體的基本需求，短暫地消除失控感與低自尊。同樣地，個體也可以藉由經常性的運動來達到這個效果。節食與過度運動，可以讓人們暫時覺得自己的身體很棒。

心理學家認為有許多心理因子與正向的身體意象有關。最重要的是自尊與個人控制力的信念。接下來，我們將探討這些因素與身體滿意度之間的關係，並且以心理學的角度來看如何增進個體的身體意象。

自尊

不論是男性或女性，自尊與身體滿意度高度相關。有高自尊者，對自己身體的感覺也較好。Mintz與Betz（1986）發

現身體滿意度與自尊明顯高度相關,並顯示不論男性或女性,當他們對自己有正向的看法時,他們對於自己的身體也有正向的感覺。Berscheid(1973)在今日心理學(Psychology Today)雜誌中放了一份問卷,詢問讀者(這些讀者大多是心理學家或相關專業人士)對於自己的身體以及身體每個部份的滿意度。他們發現不論男女,身體滿意度與個人的愉快感(personal happiness)有關。

Furnham與Greaves(1994)利用自尊量表(Rosenberg self-esteem scale)以及身體滿意度量表(Body Cathexis Scale),來看自尊、知覺掌控力(perceived control)與身體滿意度的關係。受試者為100名大學生,其中一半是女性、一半是男性。結果發現,高自尊者他們的身體滿意度也高,並且女性的身體滿意度與自尊皆比男性低。對於女性,自尊與身體滿意度的關係比男性還強。由此看來,在強調女性外表的西方社會中,女性的身體意象更容易影響到個體的自尊。

最近Guinn(1997)針對墨西哥裔的美國青少女,進行身體意象、自尊、體脂程度與運動程度之研究。他們發現,自尊是身體滿意度主要的預測指標(比體脂程度還要重要)。他們認為這些青少女會進行一些與建立自尊相關的活動,並且會發現自尊與身體滿意度正相關。

在訪談資料中,我們還是可以看到身體滿意度與自尊的關係。Charles與Kerr(1986)訪談了一些女性,另一些研究人員也訪談了不同年齡的女性與男性(Grogan & Wainwright,

1986; Grogan, 1997），結果發現正向身體意象與對自己的正向感受、自信、以及在社交情境中的權力感有明顯的相關。

Marika Tiggemann（1996）發現高自尊的人，比較不會覺得自己胖。在一群女大學生當中，她發現低自尊的個體經常會覺得自己過胖，並且認為高自尊的人也會有高的身體滿意度。

有關自尊與身體滿意的的研究，其中的研究結果相當一致。但是截至今日，我們只了解自尊與身體滿意度是有關係，但不了解是高自尊導致高的身體滿意度，或者是高身體滿意度導致高自尊。另外，是否有其他的變項在其間扮演著重要的角色。也就是說，自尊與身體滿意度之間，是否還有其他的變項在運作。所以，未來的研究可以繼續深入探討。

個人控制信念（personal control beliefs）

對於女性而言，知覺到自己的掌控能力與異常飲食行為有關，許多研究人員認為，喪失掌控力是引發神經性厭食症的主要因素（orbach, 1993）。當我們針對異常飲食行為者進行的調查中，會發現知覺控制力普遍與身體意象有關。覺得自己控制力較強者，他們比較滿意自己的身體，並且覺得自己很有希望達到理想體型（Furnham & Greaves, 1994）。

Furnham與Greaves（1994）對英國男性與女性施測知覺控制力量表（Locus of Control test），以探討控制力與身體意象的關係。體型信念量表（Body Shape Belief scale）包含個體利用節食或運動改變體型的傾向，以及對自己體型的信

念。其中有三分之一的題目與內控有關（要有好身材，必需
要靠自己的控制），三分之一的題目與宿命有關（身材是先
天的）、而另有三分之一的題目與外控有關（要有好身材，
必需要靠外在的協助）。

Furnham與Greaves發現，對於身材的掌控力與自我知覺
以及行為反應有關，不同的掌控者（是內控、外控或宿命）
對自己的知覺以及行為表現皆不同。高內控的個體會相當在
意自己的體型，並且會利用運動來維持體型。高內控的個
體，當他們想改變自己的身材時，會採取一些方法來改變；
對於外控的人而言，他們會認為沒有什麼方法，可以改變他
們的體型，因而導致低自尊與憂鬱。研究者認為，增加個人
的控制感，可以增進個人的身體滿意程度。

改善身體意象的方法

在第五章我們討論了一些抵抗社會壓迫的方向。在這
裡，我們將討論一些增加正向身體意象的方法，主要在於如
何增加自尊與增加自我控制力。

最近有一些研究認為增加自我掌控感是一個可以改善身
體意象的策略。Gail Huon（1994）認為我們可以改變個體對
於自己身材的態度，以減少他們節食的企圖。24名18-25歲
的女性，被分派到四個討論團體。討論的議題是如何說服他
人放棄節食，並發展正向的身體意象。結果發現，參與討論
團體的人會發展出一些策略來增進自己的身體意象以及放棄
節食，而這些策略也使得這些女性的身體滿意度顯著增加。

但是討論那些因素會阻礙正向的身體意象形成，對於身體滿意度並沒有明顯的效應。在整理資料後，可以發現一些不同的現象，一部分是正向效果而另一部份是動機。因為她們開始覺得自己可以掌控一些事，所以在進行策略（運動、找出目標、學會肯定自己）討論時，有相當多的收穫。在討論那些因素會讓他們覺得自己沒有控制能力時（如媒體推銷苗條身材、社會對於身材的態度），他們顯得不熱烈，因為這些因素讓他們覺得失去控制能力。Huon認為，鼓勵個體討論改變身體意象的實際策略，可以增進個體的身體滿意度。

另外，以增加自我效能（self efficacy）的策略，來增進個體的控制力以及增加自尊，減少身體不滿意度（Lewis, 1992）。為了增加個體的自我效能，團體討論（可增加社會支持）是不可或缺的策略。Blair（1992）寄了小冊子給50名女性。這些小冊子的重點在於，如何增加自我效能以及自尊，並幫助想減肥的人可以成功地減肥。「我會成功」（Personal Effectiveness）這種小冊子，會讓個體更加自我肯定，並能讓個體敢面對自己的身材與飲食習慣。「社會對女性的壓迫」（Social Pressure on Women）這種小冊子，重點在於社會是如何影響與個體身體外表有關的自我價值，藉此讓女性重新思考自己的外表與身體滿意度。研究發現，這些小冊子可以減低個人的情緒性飲食，但是無法有效改變個體對於外表的知覺、個體的自尊以及自我效能。他們認為，團體互動可以有效地改變個人的自尊與自我效能，並且在團體討論中，使用小冊子來當做素材，也可以促進成員之間的分享

與討論。

　　因為低自尊以及低自我效能感會讓個體的身體滿意度減低，所以我們可以針對自尊與自我效能來進行介入計畫。經由自我肯定訓練，可以增加個人的自尊與自我效能，進一步地增加個體的身體滿意度。對於女性，讓她們了解追求纖瘦體型是一種社會壓迫，有助於增進她們的身體意象。Gail Huon認為，讓個體討論如何增加正向的身體意象，可讓個體對於自己的身體有「掌控權」，自然就可以增加個體的身體滿意度。

　　Anne Kearney-Cooke（DeAngelis, 1997）認為，病患若能找出那些時刻會讓他覺得失去控制力（經由寫下身體意象紀錄），就可以找出那些狀況會讓他們覺得自我效能降低，以及對身體感到不滿意。她認為身體只是一種投影板，反映著自己的無能感。她並認為，個體若能在團體中處理這些讓他們覺得無力的情境，自然也就可以漸漸地減低失能感以及增加身體滿意度。Thomas Cash（DeAngelis,1997）用相似的策略來增進個體的控制力，並且採用放鬆訓練以及運動讓個體對自己的身體有正向的感受。他認為運動可以產生「快感」，讓個體了解持續運動不是因為可以維持身材，而是能讓自己感到更舒服。

適度運動的效果

　　儘管一些研究發現，強迫性的運動會導致低身體滿意度，但是還是有相當多的研究發現適度的運動有益健康，會

提升自尊、個體控制力以及身體滿意度。當然，對於一些人要他們去做一些適度的運動（如慢跑、騎腳踏車）是有其困難性。因為許多研究顯示運動有益健康、可改善情緒、增加自己的控制力（Brown & Lawton, 1986）以及增加身體滿意度，所以適度運動是一項重要的課題。

Snyder與Kivlin（1975）發現，女性運動員的身體滿意度比一般女性高。其他研究也發現，運動對男性與女性的自尊與身體意象有正面效果。Adrian Furnham（1994）與他的同事，研究女性運動員（網球、健身與划船手）與一般女性（一週運動少於三次）的自我知覺。研究發現，儘管運動員體重較一般女性重，但她們覺得自己較有魅力、有自信、健康以及受歡迎，其身體滿意度比一般女性高。

最近，Caroline Davis與他的同事（1991）在加拿大進行一項研究，以103位18-34歲大學男生，與88位16-64歲的運動員為研究對象，請他們填寫Eysenck人格問卷（EPI）、運動、身體不滿意度與體重滿意度問卷。運動員之運動量為一般大學生之兩倍以上。運動員比一般人更滿意自己的身體。在迴歸分析中，運動可以解釋11%的身體滿意度，並且發現運動的頻率與持續時間是身體滿意度的預測指標。研究者認為，有運動習慣的男性比一般男性更滿意自己的身材，並且認為自己的身材相當不錯（而不是符合標準身材）。

雖然大部分的研究資料認為，有適當運動的女性對身體較滿意，但有一些研究特別去探討，有適度運動與不運動的女性，她們身體滿意度的差異。在美國最近的一項研究中，

Koff與Bauman（1997）請140名大學女生（體育課的學生）填寫身體意象量表、身體與自我之關係量表、生活型態量表，在開始上課時填寫一次，上課六週後再填問卷一次。研究發現，上體適能（wellness and fitness）相關課程者，她們的身體滿意度與外表滿意度有增加的趨勢，但是上運動技巧相關課程者，則無顯著的變化。研究者認為，在體適能的課程中，老師會協助學生提升身心健康，也包括身體意象。這個結果相當有說服力，因為本研究是採用前後測實驗設計，可說明因果關係。

　　運動似乎可以藉由讓自己更壯、更健康、覺得更有能力，然後提升個體的身體意象與自尊。由於運動對於個體的身心健康有很好的效果，特別是身體滿意度，所以一般人認為運動是提升自尊與正向身體意象的好方法。

　　一週要運動多少次呢，在英國只有少數進行適當頻率的研究，這些研究探討老年人規律性運動與身心健康的關係。根據1991/92年英國健康與生活型態的調查，50％四十歲以下的女性，有時會從事運動；但40歲以上，有運動的女性開始減少；到了60歲以上，只有20%的人有運動（圖7.1）。大部份的運動為，整理家務、瑜珈、舞蹈與游泳。任何年齡的男性大多有運動的習慣。60％四十歲以下的男性，有從事運動；但到了60歲以上，就剩下30%的人有運動（圖7.1）。男性經常進行的運動為，騎腳踏車、跳舞、游泳與瑜珈。男性隨著年紀的不同，他們的運動也不同。年輕人（18－40歲）大多是橄欖球或慢跑，但50歲以上的人漸漸不碰這些運動。

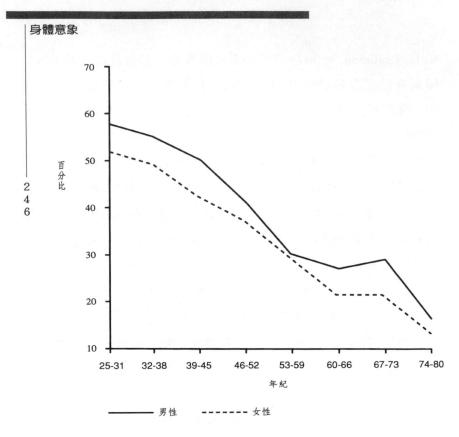

圖7.1　男性與女性從事各項活動中包含身體活動的比例
來源：Adapted from Cox *et al.*(1993) with permission.

　　在學齡兒童的健康行為調查中（Turtle, 1997），研究者隨機從英國75所國小中選取11歲、13歲與15歲的兒童，共有6,372名。五分之一的小孩，每天都運動或玩遊戲使全身流汗。三分之一的小朋友，他們一週只費力運動一次或更少。男孩比女孩喜歡激烈的運動（四分之一的男孩每天都會進行有氧運動，而女孩只有十分之一）。隨著年齡的增長，運動的小孩越來越少。15歲的小孩，有十分之一從不作有氧運動

（圖7.2）。

　　成人與小孩為什麼不運動？這是重要的問題，並且應該了解男性與女性進行運動時的障礙。在美國最近的一項研究中，Myers與Roth（1997）請432位大學生填寫問卷，詢問他們最近運動的狀況、他們覺得運動的好處與不想運動的障礙、以及做更激烈運動的意願。大部份的人都覺得運動有相當多的好處（包括身體意像），但是運動的動機不高，因為沒時間或缺乏社會責任。Whitejead（1988）發現還有人認為運動很昂貴。但是，有些運動是不需要花什麼錢的，所以可

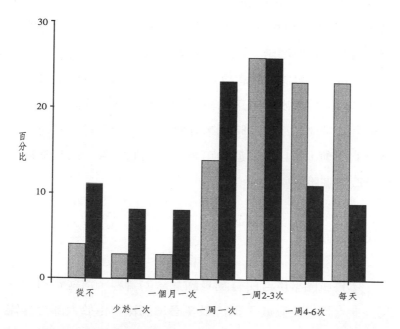

圖7.2　小孩休閒時間玩遊戲或運動的頻率
來源：Adapted from Turtle *et al.* (1997). Copyright © Health Education Authority.
　　　　Reproduced with permission.

以鼓勵大家進行這些運動。

運動不只是一種競賽（如職棒、職籃），也是一種休閒活動，我們可以將運動的休閒觀推展出去，例如在學校中，有一些體育性的遊戲。若我們將運動當成是一種休閒社交活動，那一些中年人與女性（甚至是一些過重的人），自然就會進入全民運動的行列（Cox, 1993）。Shelley Bovey（1989）在「肥胖不是罪」這篇文章中說到，肥胖的人經常會因為他人的眼光而不敢去運動。若運動是一種休閒活動，那肥胖的人自然也不會因表現不好而受到異樣眼光的傷害，當然也不用擔心找不到適合自己的運動服。若將運動休閒化（而非競賽），大家就可以把運動納入生活中，而增加運動的動機。有相當多的資料顯示，規律運動對個人有相當多的好處，可以增加自尊、增進身體意象以及對抗壓力。Gail Huon（1988）要求年輕女性找出增進正向身體意象的策略，她們的建議之一就是女性應利用休閒時間來運動。在本節所討論的運動是適度的運動，並且經由運動可增加個體的自尊、知覺掌控力以及改善身體意象。

綜合討論

本書試圖呈現目前有關身體意象的資料，這些資料包含男性、女性以及兒童。資料很多必須篩檢。由於大部分身體意象的實證研究，大部份都是由心理學家進行，所以大部份的資料來自心理學領域。當然，也包含其他社會科學的研究

資料。因此本書完整地回顧影響男性與女性身體意象的各種因素，以及影響這些因素的行為。結果發現，對自己身材不滿意的個體主要來自高危險群（如女異性戀與男同性戀），他們的自尊較低、覺得無法掌控自己對身體的感覺。媒體所呈現的理想體型，經常會造成個體負面的身體意象，導致個體不滿意自己的身體。但是，從訪談的資料中可以發現，女性對於這些「理想體型」感到相當不滿，希望媒體能夠呈現合乎現實的體型。隨著觀看者的年齡不同，他們理想的體型也不同，他們會選擇適合的楷模來進行比較。儘管媒體上所呈現的都是妙齡美女，但是老女人的身體滿意度並沒有比年輕人特別低，因為她們會選擇適合自己年紀的個體來比較。有些研究發現，年長的男性比年輕的男性更不滿意自己的體型，因為他們會拿自己跟年輕人來做比較。八歲的小孩，他們有關體型的談話、關注身體的程度都與成人相似。研究顯示，在西方文化下成長的人，對身體感到不滿意是種普遍的經驗。

　　目前仍有許多問題有待未來的研究去探討。首先是自尊與身體意象間的關係、對身體不滿意的感覺如何產生（特別是8歲以下的小孩）。從Thomas Robinson（1996）的研究中，我們也知道除了文化以外，社會階層與種族都會影響到個體對於自己身材的滿意度。有越來越多的研究，以非白人、非中產階級為研究對象，其研究將有助於我們了解此等問題。我們也試圖找出一些策略可以協助個體維持正向的身體意象。這些想法顯然都還需要未來研究更進一步地驗證。

　　依據我們對於男性與女性之身體意象的了解，我們發現要增加個體正向的身體意象，必須把身體物化的現象消弭掉，建立一個合乎實際、健康的理想身材。我們如何增加理想標準的彈性，減少對肥胖的歧視，將有助於減少身體不滿意度。文化是決定個體如何看待自己身體的一項重要因素。最近的研究發現，在不歧視肥胖的文化下，能夠接受各類體型，將有助於減少身體不滿意度。

　　文獻中不斷指出，性別是影響身體滿意度的主要因素。不論那個年齡層、那個種族、那個社會階層，女性普遍比男性不滿意自己的身體。未來的研究，應該更深入去探討這種性別上的差異，並發展一套能增進女性身體意象的策略。

　　女性主義者，如Sandra Bartky（1990）與Naomi Wolf（1991）認為，媒體中的標準美女以及社會文化的壓迫，是一切的罪首。Wolf認為女性應該掌握自己的身體，不因社會環境而物化。女性應該建構出屬於自己的「美」，而非依循著男性思維下的美女，而花了很多時間改變自己原本的面貌，只因「女為悅己者容」：

　　　只有當女人擁有自我的時候，我們才能從打扮自己中得到樂趣。當我們的身體由自己掌控時，我們才能真正享受自己的性感與魅力。只有我們不把自己的身體物化，我們才會真正看到自己的美。女性應該擺脫美麗的迷思，我們裝扮自己是讓自己愉快，而非取悅他人。

　　　　　　　　　　　　　　　（Wolf, 1991：273-274）

　　Wolf認為西方文化（特別是傳播媒體），讓女性相互比較身體，這傷害了每個女性。在我們對女性與女孩的訪談中發現，女人都會把自己跟別人（模特兒、朋友、家人）作比較，讓自己感到不如他人。Naomi Wolf認為，女人身體之間的競爭是廠商造成的，他們故意讓女性對自己的身體感到不滿意。她認為女性必須要去對抗身體比較之文化壓力，並且建立自然就是美的觀念，並且接納自己的美。她發現，美女的標準是由男性沙文主義建立的。所以，女性該自主，應該建立屬於女性自己的標準美女，接納自己的美、接納其他女性的美，而不是改變真實的自我（減肥、塑身）去迎合虛假的「標準美女」。她認為「新女性美」是：

　　美女是享受自己的生活、好好愛自己、解構世界以及擺脫現在的束縛。

（Wolf, 1991：291）

　　Wolf的想法是解構目前的文化，建構新的文化可讓女性的身體意象更正向。這樣的想法與先前所提到的增加自尊、增加自我控制力並無衝突。她認為，增進女性身體意象的最佳策略是建構屬於女性本身的「美麗佳人」。

　　在本書的第四章，討論到男體物化的現象。這樣的趨勢受到強大的抵抗。男性雖然也活在女性的眼光之下，但是他們身體物化的現象並沒有像女性一樣嚴重。如果要抵抗這種物化的現象，我們必需能夠有所自覺，要了解所謂的「理想體態」只是少數的異類所能達到的標準。

20世紀末，無疑是我們必須增加對身體關注的時期。科學家探討在西方文化中，個體是如何利用整型、節食與藥物（類固醇）等方法，來改變自己的身體。這突顯了狹義的標準體格，也說明了媒體是如何創造出這樣的標準。文化的壓迫是不分男女，一視同仁地，這使得許多人覺得他們有權力去改變自己的身體（就像第三、四章，提到的那些靠意志力、運動、節食等活動來改變）、使他們進行社會比較（身材的比較）、身體滿意度低、感覺喪失控制力、低自尊、罪惡感。為了減少身體的物化現象，我們必須將美的標準放寬（長期效果），並且鼓勵大家採用運動的方式來改變體態（短期效果）。這些方法對於大部份的人（特別是女性），將有助於增加其身體滿意度以及生活品質。

摘要

◆ 社會文化與身體滿意度的關係研究，發現不同的社會族群的身體滿意度不同。由資料來看，同樣的身材，在不同的族群中的評估結果不同，所以，個體的性別與所處的族群會影響到個體對於體型的感覺。以女性而言，白人與異性戀者容易不滿意自己的身體。男性一般而言，都滿意自己的身體，但是對於老人、同性戀者，他們較不滿意自己的身體。

◆ 一般而言，女性會用節食來減肥，而男性會以運動來減肥。但是，男性減肥的動機不強。如果真的要減的話，

他們以運動為主。

◆ 自我控制力與自尊，和身體滿意度有密切關係。

◆ 短期來說，能增進身體滿意度的方法是自我肯定的訓練
（提升自尊與自我掌控感），而討論如何增進自己身體意
象的方法，也可以增加身體滿意度。

◆ 長期而言，改變文化對於身體的物化，不鼓勵節食，將
有利於所有女性擁有正面的經驗，特別是可能罹患異常
飲食疾患的個體以及長期節食者。

附錄

那些因素會讓你體重過重？

一般人對於胖子的想法都是比較負面的，認為他們比較懶、缺乏意志力、無法控制自己。事實上，我們目前還無法找出肥胖的主要因素。很明顯地，肥胖的人會比一般人攝取更多的卡路里。我們一般的想法認為，胖子吃的比瘦子或一般體重者多，或消耗較少的熱量（缺乏運動）。研究證實，還有其他重要的因素。

一般人認為，體重過重者（特別是肥胖者）吃的比體重正常的同儕多。雖然胖子必須吃得比較多以「維持」他的體重，但許多心理學與社會學的研究資料顯示，他們並沒有吃的比較多。在19篇探討飲食狀況的研究中，有18篇顯示，體重過重者吃的比一般人少（或者跟一般體重者、瘦子一樣多）（Wooley, 1979）。這些資料來自不同的研究方法，自陳報告、觀察資料以及實驗室研究，皆發現胖子沒有吃的比較多。（實驗室的操弄，經常是邀請受試者參與研究，並在研究過程中可以無限制地食用食物，並且進行一些相關的操弄）。

另一個假設是體重過重者能量消耗的速率。胖的人會胖，是因為缺乏運動嗎？許多研究者確實認為，肥胖是因為缺乏運動所致。Kelly Brownell與Thomas Wadden（1992）認為，近兩百年來，人們能量消耗的狀況顯著減少，越來越少人從事需要消耗大量體力的工作。研究者認為，到了1960年代，大家動的少、吃的多，自然就胖了。

　　汽車、電視搖控器、電動門以及很多電器用品，讓我們越來越省力了。

　　　　　　　　　　　　　（Brownell & Wadden, 1992：506）

Andrew Prentice在劍橋Dunn臨床營養中心進行人體卡路里消耗研究，這個研究得到相當多英國的人回應。他發現大多數的人習慣坐著不動的生活，使得生活很少消耗能量。他認為，在1980到1990年代之間，生活型態的變化，使得英國有越來越多的胖子。

有相當多的研究發現，胖子較瘦子不喜歡運動。他發現只有少數的胖子（1.5%）用爬樓梯而非電梯來消耗卡路里，一般人是6.7%（Wooley, 1979）。缺乏運動可能是肥胖之後才產生，而非導致肥胖的原因。在西方社會中，對於胖子有一些負面的印象，他們運動時經常會被嘲笑，使得胖子很少去運動。Shelley Bovey（1989）認為胖子不運動的主要原因是，他們運動時經常會受到他人異樣的眼光。運動最迷人的是運動時的愉快，但是對胖子而言卻很困難，他們經常被嘲笑，並且找不到適合自己身材大小的器具和衣服。

　　爲了能夠更清楚運動與肥胖之間的因果關係，我們必須進行嚴謹的研究來探討運動對肥胖的影響。研究顯示，與節食相比較，運動並不是非常有效的減肥方法，因爲必須相當激烈的運動，才能消耗一點點熱量（Epstein & Wing, 1980）。George Bray（1986）發現，即使非常費力的運動（如慢跑），一分鐘大概只能消耗7.5大卡。一般而言，我們一頓午餐就會吸收500大卡，我們必須跑數個小時才能消耗光。由此看來，缺乏運動似乎不是肥胖的主因，應該有其他因素造成肥胖。事實上，大部份的人（不論胖或瘦）都很少運動。在健康與生活型態之調查（Health and Lifestyle Survey）中（Cox, 1993），他們發現，大多數的英國人超過40歲就幾乎不運動了。雖然大家都不運動，但只有少數人變肥胖。所以，缺乏運動應該不是肥胖的主要原因。

　　一些研究者認爲肥胖起因於基因。他們發現，胖子與一般人的代謝速率不同。Nisbett（1972）的設定點理論（set point theory）認爲，每個人先天都有一體重的設定值或範圍，爲了維持穩定的體重，個體的代謝率就會隨著飲食量而改變。跟據Nisbett的理論，每個人的設定點都不同，然而社會所接納的體重範圍非常窄。這意味著，大多數的人其體重都會比社會所能接受的體重來得重，除非你長期挨餓，才可能達到那樣的體重。事實上，身體爲了維持恆定，當你挨餓的時候，身體的代謝速率會變慢，並且會儲存脂肪以保護身體，使得人們節食之後體重增加。Nisbett發現許多人努力地挨餓節食，但是他們的身材還是很胖。

Andrew Prentice（1995）認為，基因與肥胖的關係相當複雜，且有些研究證實，吃太多是導致肥胖的主因。他邀請一些胖子與瘦子來參與研究，請他們在七個月的時間內注意自己的飲食狀況。在研究中，有50%的人吃的熱量比他們所需的還要多。但在測量個體的基本熱量需求時，並沒有根據個人的體重而設立不同的標準。他認為瘦子與胖子，基本上代謝速率是一樣的。他認為肥胖的因素，主要是吃太多脂肪，還有不喜歡活動的生活形態，基因大約只能解釋25%導致肥胖的原因。

然而，其他研究人員仍認為基因是影響體重的主要因素。他們發現在不同家庭（不同飲食習慣、生活型態）長大的雙胞胎，他們的體重與身材相似（Brownell & Wadden, 1992）。基本上，代謝率與脂肪細胞數受到遺傳的影響。很明顯地，只有當過重是受環境影響時，才能靠運動與節食來解決。最近的一些研究資料指出，基因是影響體重的主要因素。

參考文獻

Abrams, K., Allen, L. and Gray, J. (1993) 'Disordered eating attitudes and behaviors, psychological adjustment, and ethnic identity: a comparison of black and white female college students', *International Journal of Eating Disorders*, 14, 49–57.

Adams, C. and Laurikietis, R. (1976) *The gender trap: a closer look at sex roles*, London: Virago.

Alley, T. and Scully, K. (1994) 'The impact of actual and perceived changes in body weight on women's physical attractiveness', *Basic and Applied Social Psychology*, 15, 4, 535–42.

Andres, R., Muller, D. and Sorkin, J. (1993) 'Long-term effects of change in body weight on all-cause mortality: a review', *Annals of Internal Medicine*, 119, 737–43.

Aoki, D. (1996) 'Sex and muscle: the female bodybuilder meets Lacan', *Body and Society*, 2, 4, 45–57.

Armstrong, S. (1996) 'Cast against type', *The Guardian*, 3 June, 15.

Averett, S. and Korenman, S. (1996) 'The economic reality of the beauty myth', *Journal of Human Resources*, 31, 2, 304–30.

Baker, P. (1994) 'Under pressure: what the media is doing to men', *Cosmopolitan*, November, 129–32.

Bartky, S. (1990) *Femininity and domination: studies in the phenomenology of oppression*, New York: Routledge.

Beck, A.T. (1976) *Cognitive therapy and the emotional disorders*, New York: International Universities Press.

Bee, P. (1997) 'Starved of a chance', *Runner's World*, September, 48–51.

Bennett, W. and Gurin, J. (1982) *The dieter's dilemma*, New York: Basic Books.

Ben-Tovim, D. and Walker, K. (1991) 'Women's body attitudes: a review of measurement techniques', *International Journal of Eating Disorders*, 10, 2, 155–67.

Beren, S., Hayden, H., Wilfley, D. and Grilo, C. (1996) 'The influence of sexual orientation on body dissatisfaction in adult men and women', *International Journal of Eating Disorders*, 2, 135–41.

Berscheid, E., Walster, E. and Bornstedt, G. (1973) The happy American body: a survey report, *Psychology Today*, 7, 119–31.

Blair, A., Lewis, V. and Booth, D. (1992) 'Response to leaflets about eating and shape by women concerned about their weight', *Behavioural Psychotherapy*, 20, 279–86.

—— (1986) 'The forms of capital', in J. Richardson (ed.) *Handbook of theory and research for the sociology of education*, New York: Greenwood Press.

Bordo, S. (1990) 'Reading the slender body', in M. Jacobus, E. Fox Keller and S. Shuttleworth (eds) *Body politics*, New York: Routledge.

—— (1993) *Unbearable weight: feminism, Western culture, and the body*, Berkeley: University of California Press.

Boseley, S. (1996) ' "Anorexic" models cost *Vogue* ads', *The Guardian*, 31 May, 1.

Bourdieu, P. (1984) *Distinction: a social critique of the judgement of taste*, London: Routledge.

Bovey, S. (1989) *Being fat is not a sin*, London: Pandora Press.

Bradley, P. (1982) 'Is obesity an advantageous adaptation?', *International Journal of Obesity*, 6, 43–52.

Brand, P., Rothblum, E. and Soloman, L. (1992) 'A comparison of lesbians, gay men, and heterosexuals on weight and restricted eating', *International Journal of Eating Disorders*, 11, 253–9.

Bray, G.A. (1986) 'Effects of obesity on health and happiness', in K.D. Brownell and J.P. Foreyt (eds) *Handbook of eating disorders: physiology, psychology and treatment of obesity, anorexia, and bulimia* (3–44), New York: Basic Books.

British Heart Foundation (1994) *Coronary heart disease statistics*, London: British Heart Foundation.

Brown, J. and Lawton, M. (1986) 'Stress and well-being in adolescence: the moderating role of physical exercise', *Journal of Human Stress*, 12, 125–31.

Brown, L. (1987) 'Lesbians, weight and eating: new analyses and perspectives', in Boston Lesbian Psychologies Collective (eds) *Lesbian psychologies* (294–309), Urbana: University of Illinois Press.

Brownell, K.D., Greenwood, M., Stellar, E. and Shrager, E. (1986) 'The effects of repeated cycles of weight loss and regain in rats', *Physiology and Behaviour*, 38, 459–64.

Brownell, K.D. and Rodin, J.R. (1994) 'The dieting maelstrom: is it possible and advisable to lose weight?', *American Psychologist*, 49, 781–91.

Brownell, K.D., Rodin, J.R. and Wilmore, J. (1992) *Eating, body weight, and performance in athletes: disorders of modern society*, Philadelphia: Lea and

Febiger.

Brownell, K.D. and Wadden, T. (1992) 'Etiology and treatment of obesity: understanding a serious, prevalent, and refractory disorder', *Journal of Counselling and Clinical Psychology*, 60, 505–17.

Brownmiller, S. (1984) *Femininity*, New York: Linden Press.

Bruch, H. (1962) 'Perceptual and conceptual disturbances in *anorexia nervosa*', *Psychological Medicine*, 24, 187–94.

—— (1973) *Eating disorders: obesity, anorexia nervosa, and the person within*, New York: Basic Books.

Buss, D. (1987) 'Sex differences in human mate selection criteria: an evolutionary perspective', in C. Crawford, M. Smith and D. Krebs (eds) *Sociobiology and psychology: ideas, issues, and application* (335–51), Hillsdale, NJ: Erlbaum.

—— (1989) 'Sex differences in human mate preference: evolutionary hypothesis tested in 37 cultures', *Behavioural and Brain Sciences*, 12, 1–49.

Butler, J. (1991) 'Imitation and gender insubordination', in D. Fuss (ed.) *Inside out: lesbian theories, gay theories* (13–32), New York: Routledge.

Button, E. (1993) *Eating disorders: personal construct therapy and change*, Chichester: Wiley.

Button, E., Sonuga-Barke, E., Davies, J. and Thompson, M. (1996) 'A prospective study of self-esteem in the prediction of eating problems in adolescent schoolgirls: questionnaire findings', *British Journal of Clinical Psychology*, 35, 193–203.

Caitlin, D. and Hatton, C. (1991) 'Use and abuse of anabolic and other drugs for athletic enhancement', *Advances in Internal Medicine*, 36, 399–424.

Caldwell, D. (1981) *And all was revealed: ladies' underwear 1907–1980*, New York: St. Martin's Press.

Carruth, B. and Goldberg, D. (1990) 'Nutritional issues of adolescents: athletics and the body image mania', *Journal of Early Adolescence*, 10, 122–40.

Cash, T. (1990) 'The psychology of physical appearance: aesthetics, attributes, and images', in T. Cash and T. Pruzinsky (eds) *Body images: development, deviance and change* (51–79), New York: Guilford Press.

Cash, T., Ancis, J. and Strachan, M. (1997) 'Gender attitudes, feminist identity, and body images among college women', *Sex Roles*, 36, 433–47.

Cash, T. and Pruzinsky, T. (eds) (1990) *Body images: development, deviance and change*, New York: Guilford Press.

Cash, T., Winstead, B. and Janda, L. (1986) 'The great American shape-up: body image survey report', *Psychology Today*, 20, 4, 30–7.

Chapkis, W. (1986) *Beauty secrets*, London: The Women's Press.

Chapman, R. (1988) 'The great pretender: variations on the new man theme', in R. Chapman, R. and J. Rutherford (eds) *Male order: unwrapping masculinity* (225–48), London: Lawrence and Wishart.

Charles, N. and Kerr, M. (1986) 'Food for feminist thought', *The Sociological Review*, 34, 537–72.

Chaudhary, V. (1996) 'The state we're in', *The Guardian*, 11 June, 14.

Chernin, K. (1983) *Womansize: the tyranny of slenderness*, London: The Women's Press.

Chesters, L. (1994) 'Women's talk: food, weight and body image', *Feminism and Psychology*, 4, 3, 449–57.

Christensen, L. (1997) *Experimental methodology* (7th edn), London: Allyn and Bacon.

Connell, R. (1987) *Gender and power*, Cambridge: Polity Press.

Conner, M., Martin, E., Silverdale, N. and Grogan, S. (1996) 'Dieting in adolescence: an application of the theory of planned behaviour', *British Journal of Health Psychology*, 1, 315–25.

Cooper, P., Taylor, M., Cooper, Z. and Fairburn, C. (1987) 'The development and validation of the Body Shape Questionnaire', *International Journal of Eating Disorders*, 6, 485–94.

Cowley, G. (1996) 'The biology of beauty', *Newsweek*, 3 June, 61–6.

Cox, B.D., Huppert, F.A. and Whichelow, M.J. (eds) (1993) *The Health and Lifestyle Survey: seven years on*, Aldershot: Dartmouth.

Crago, M., Yates, A. and Beulter, L.E. (1985) 'Height–weight ratios among female athletes: are collegiate athletics the precursors to an anorexic syndrome?', *International Journal of Eating Disorders*, 4, 79.

Crandall, C. (1995) 'Do parents discriminate against their heavyweight daughters?', *Personality and Social Psychology Bulletin*, 21, 724–35.

Crandall, C. and Martinez, R. (1996) 'Culture, ideology, and anti-fat attitudes', *Personality and Social Psychology Bulletin*, 22, 1165–76.

Cremer, S. (1997) 'The feel good food manual', *Men's Health*, May, 48–56.

Davis, C. (1990) 'Body image and weight preoccupation: a comparison between exercising and non-exercising women', *Appetite*, 15, 13–21.

Davis, C. and Dionne, M. (1990) 'Weight preoccupation and exercise: a structural equation analysis', paper presented at the *Fourth International Conference on Eating Disorders*, New York, April 1990.

Davis, C., Elliot, S., Dionne, M. and Mitchell, I. (1991) 'The relationship of personality factors and physical activity to body satisfaction in men', *Personality and Individual Differences*, 12, 689–94.

Davis, K. (1995) *Reshaping the female body: the dilemma of cosmetic surgery*, London: Routledge.

DeAngelis, T. (1997) 'Acceptance is the goal of the body image game', *APA Monitor*, March, 42.

Department of Health (1993) *The health of the nation*, London: HMSO.

Dewberry, C. and Ussher, J. (1995) 'Restraint and perception of body weight among British adults', *The Journal of Social Psychology*, 134, 609–19.

Dion, K., Berscheid, E. and Walster, E. (1972) 'What is beautiful is good', *Journal of Personality and Social Psychology*, 24, 285–90.

Dobson, R. (1997) 'Anorexia: now it's nineties man who suffers', *The Independent on Sunday*, 21 June, 3.

Donaldson, C. (1996) *A study of male body image and the effects of the media*, unpublished BSc dissertation, Manchester Metropolitan University.

Doy, G. (1996) 'Out of Africa: orientalism, "race", and the female body', *Body and Society*, 2, 17–44.

Dworkin, A. (1988) 'Not in man's image: lesbians and the cultural oppression of body image', *Women and Therapy*, 8, 27–39.

Eagley, A., Ashmore, R., Makhijani, M. and Longo, L. (1991) 'What is beautiful is good but . . . : a meta-analytic review of research on the physical attractiveness stereotype', *Psychological Bulletin*, 110, 109–28.

Elliot, S. (1994) 'Hunks in trunks hit a gap in the sports market', *The Guardian*, 17 February, 14.

Ellis, S. and Heritage, P. (1989) 'AIDS and the cultural response: the normal heart and we all fall down', in S. Shephard and M. Wallis (eds) *Coming on strong: gay politics and culture* (39–53), London: Unwin Hyman.

Emery, J., Benson, P., Cohen-Tovee, E. and Tovee, M. (1995) 'A computerised measure of body image and body shape', personal communication.

Epperley, T. (1993) 'Drugs and sports', in W. Lillegard and K.S. Rucker (eds) *Handbook of sports medicine* (249–58), Stoneham, Mass.: Andover.

Epstein, B. (1989) 'Women's anger and compulsive eating', in M. Lawrence (ed.) *Fed up and hungry: women, oppression, and food* (27–45), London: The Women's Press.

Epstein, L. and Wing, R. (1980) 'Aerobic exercise and weight', *Addictive Behaviours*, 5, 371–88.

Evans, C. and Dolan, B. (1992) 'Body Shape Questionnaire: derivation of shortened "alternate forms"', *International Journal of Eating Disorders*, 13, 315–32.

Ewing, W.A. (1994) *The body: photoworks of the human form*, London: Thames and Hudson.

Fallon, A. (1990) 'Culture in the mirror: sociocultural determinants of body image', in T. Cash and T. Pruzinsky (eds) *Body images: development, deviance and change* (80–109), New York: Guilford Press.

Fallon, A. and Rozin, P. (1985) 'Sex differences in perceptions of desirable body shape', *Journal of Abnormal Psychology*, 94, 1, 102–5.

Featherstone, M. (1991) 'The body in consumer culture', in M. Featherstone, M. Hepworth and B.S. Turner (eds) *The body: social processes and cultural theory* (170–96), London: Sage.

263

Ferguson, M. (1983) *Forever feminine: women's magazines and the cult of femininity*, Aldershot, Hants: Gower.

Festinger, L. (1954) 'A theory of social comparison processes', *Human Relations*, 7, 117–40.

Fisher, A.C., Genovese, P.P., Morris, K.J. and Morris, H.H. (1978) 'Perceptions of women in sports: psychology of motor behavior and sport', in D.M. Landers and R.W. Christina (eds) *The psychology of motor behavior and sport*, Champaign, Illinois: Human Kinetics.

Fisher, S. (1990) 'The evolution of psychological concepts about the body', in T. Cash and T. Pruzinsky (eds) *Body images: development, deviance and change* (3–20), New York: Guilford Press.

Forna, A. (1996) 'For women, or for men only?', *The Independent on Sunday*, 28 April.

Fox, P. and Yamaguchi, C. (1997) 'Body image change in pregnancy: a comparison of normal weight and overweight primagravidas', *Birth Issues in Perinatal Care*, 24, 35–40.

Francis, B. (1989) *Bev Francis' power bodybuilding*, New York: Stirling.

Frankel, S. (1998) 'The fashion of destruction', *The Guardian*, 7 February, 5.

Franzoi, S. and Shields, S. (1984) 'The body esteem scale: multidimensional structure and sex differences in a college population', *Journal of Personality Assessment*, 448, 173–8.

Freedman, R. (1986) *Beauty bound*, Lexington, Mass.: Lexington Books.

—— (1990) 'Cognitive-behavioral perspectives on body image change', in T. Cash and T. Pruzinsky (eds) *Body images: development, deviance and change* (272–95), New York: Guilford Press.

Furnham, A. and Alibhai, N. (1983) 'Cross cultural differences in the perception of male and female body shapes', *Psychological Medicine*, 13, 829–37.

Furnham, A. and Greaves, N. (1994) 'Gender and locus of control correlates of body image dissatisfaction', *European Journal of Personality*, 8, 183–200.

Furnham, A., Titman, P. and Sleeman, E. (1994) 'Perception of female body shapes as a function of exercise', *Journal of Social Behaviour and Personality*, 9, 335–52.

Fuss, D. (1989) *Essentially speaking: feminism, nature and difference*, New York and London: Routledge.

Gaines, C. and Butler, G. (1980) *Pumping iron: the art and sport of bodybuilding*, London: Sphere.

Gardner, R.M. and Moncrieff, C. (1988) 'Body image distortion in anorexics as a non-sensory phenomenon: a signal detection approach', *Journal of Clinical Psychology*, 44, 101–7.

Garfinkel, P. (1992) 'Evidence in support of attitudes to shape and weight as a diagnostic criterion of *bulimia nervosa*', *International Journal of Eating*

Disorders, 11, 321–5.

Garner, D. and Garfinkel, P. (1981) 'Body image in *anorexia nervosa*: measurement, theory, and clinical implications', *International Journal of Psychiatry in Medicine*, 11, 263–84.

Garner, D., Garfinkel, P., Schwartz, D. and Thompson, M. (1980) 'Cultural expectations of thinness in women', *Psychological Reports*, 47, 483–91.

Garner, D., Olmsted, M. and Garfinkel, P. (1983) 'Does *anorexia nervosa* occur on a continuum?', *International Journal of Eating Disorders*, 2, 11–20.

Garner, D., Olmsted, M. and Polivy, J. (1983) 'Development and validation of a multidimensional Eating Disorder Inventory for *anorexia nervosa* and *bulimia*', *International Journal of Eating Disorders*, 2, 15–34.

Garner, D., Olmsted, M., Polivy, J. and Garfinkel, P. (1984) 'Comparison between weight-preoccupied women and *anorexia nervosa*', *Psychosomatic Medicine*, 46, 255–66.

Gillespie, R. (1996) 'Women, the body, and brand extension of medicine: cosmetic surgery and the paradox of choice', *Women and Health*, 24, 69–85.

Gittelson, J., Harris, S., Thorne-Lyman, A., Hanley, A., Barnie, A. and Zinman, B. (1996) 'Body image concepts differ by age and sex in an Ojibway-Cree community in Canada', *Journal of Nutrition*, 126, 2990–3000.

Gordon, R. (1990) *Anorexia and bulimia: anatomy of a social epidemic*, Oxford: Blackwell.

Gough, J. (1989) 'Theories of sexual identity and the masculinisation of the gay man', in S. Shepherd and M. Wallis (eds) *Coming on strong: gay politics and culture* (119–35), London: Unwin Hyman.

Greil, H. (1990) 'Sex differences in body build and their relationship to sex-specific processes of ageing', *Collegium Anthropologicum*, 14, 247–53.

Grogan, S., Donaldson, C., Richards, H. and Wainwright, N. (1997) 'Men's body image: body dissatisfaction in eight- to twenty-five-year-old males', paper presented to the European Health Psychology annual conference, Bordeaux, 3 September.

Grogan, S. and Wainwright, N. (1996) 'Growing up in the culture of slenderness: girls' experiences of body dissatisfaction', *Women's Studies International Forum*, 19, 665–73.

Grogan, S., Williams, Z. and Conner, M. (1996) 'The effects of viewing same gender photographic models on body satisfaction', *Women and Psychology Quarterly*, 20, 569–75.

Guillen, E. and Barr, S. (1994) 'Nutrition, dieting, and fitness messages in a magazine for adolescent women, 1970–1990', *Journal of Adolescent Health*, 15, 464–72.

Guinn, B., Semper, T., Jorgensen, L. and Skaggs, S. (1997) 'Body image perception in female Mexican American adolescents', *Journal of School*

Health, 67, 112–15.

Hanna, C.F., Loro, A.D. and Power, D.D. (1981) 'Differences in the degree of overweight: a note on its importance'. *Addictive Behaviors*, 6, 61–2.

Harris, M.B., Walters, L.C. and Waschull, S. (1991) 'Gender and ethnic differences in obesity-related behaviors and attitudes in a college sample', *Journal of Applied Social Psychology*, 21, 1545–66.

Harris, S. (1994) 'Racial differences in predictors of college women's body image attitudes', *Women and Health*, 21, 89–104.

Hatfield, E. and Sprecher, S. (1986) *Mirror, mirror: the importance of looks in everyday life*, New York: SUNY Press.

Heinberg, L. and Thompson, J.K. (1992) 'Social comparison: gender, target importance ratings, and relation to body image disturbance', *Journal of Social Behavior and Personality*, 7, 335–44.

Heinberg, L. and Thompson, J.K. (1995) 'Body image and televised images of thinness and attractiveness: a controlled laboratory investigation', *Journal of Social and Clinical Psychology*, 14, 325–38.

Hill, A., Oliver, S. and Rogers, P. (1992) 'Eating in the adult world: the rise of dieting in childhood and adolescence', *British Journal of Clinical Psychology*, 31, 95–105.

Hodkinson, W. (1997) 'Body image stereotypes: the idealisation of slimness and perceptions of body image and occupational success', unpublished BSc dissertation, Manchester Metropolitan University.

Hofstede, G. (1980) *Culture's consequences: international differences in work-related values*, Beverley Hills, Cal.: Sage.

Horm, J. and Anderson, K. (1993) 'Who in America is trying to lose weight?', *Annals of Internal Medicine*, 119, 672–6.

Hough, D.O. (1990) 'Anabolic steroids and ergogenic aids', *American Family Physician*, 41, 1157–64.

Hsu, L. (1990) *Eating disorders*, London: Croom Helm.

Huon, G. (1988) 'Towards the prevention of eating disorders', in D. Hardoff and E. Chigier (eds) *Eating disorders in adolescents and young adults* (447–54), London: Freund.

—— (1994) 'Towards the prevention of dieting-induced disorders: modifying negative food- and body-related attitudes', *International Journal of Eating Disorders*, 16, 4, 395–9.

Huon, G., Morris, S. and Brown, L. (1990) 'Differences between male and female preferences for female body size', *Australian Psychologist*, 25, 314–17.

Illman, J. (1997) 'Plastic maketh the man', *The Guardian*, 8 February, 8.

Institute for the Study of Drug Dependence (1993) *Steroids*, London: The College Hill Press.

Irving, L. (1990) 'Mirror images: effects of the standard of beauty on the self-

and body-esteem of women exhibiting varying levels of bulimic symptoms', *Journal of Social and Clinical Psychology*, 9, 230–42.

Itzin, C. (1986) 'Media images of women: the social construction of ageism and sexism', in S. Wilkinson (ed.) *Feminist social psychology* (119–34), Milton Keynes: Open University Press.

Iwawaki, S. and Lerner, R.M. (1974) 'Cross-cultural analyses of body–behavior relations: 1. A comparison of body build stereotypes of Japanese and American males and females', *Psychologia*, 17, 75–81.

Kannel, W.B. (1983) *Health and obesity*, New York: Allyn and Bacon.

Katz, J.L. (1986) 'Long distance running, *anorexia nervosa* and *bulimia*: a report of two cases', *Comparative Psychiatry*, 27, 74–8.

—— (1988) 'Eating disorders', in M. Shangold and G. Mirkin (eds) *Women and exercise: physiology and sports medicine* (248–63), Philadelphia: F.A. Davis.

Kenrick, D.T. (1989) 'Bridging social psychology and socio-biology: the case of sexual attraction', in R.W. Bell and N.J. Bell (eds) *Sociobiology and social sciences* (5–23), Lubbock, Texas: Texas Tech University Press.

Keys, A., Brozek, J., Henschel, A., Michelsen, O. and Taylor, H.L. (1950) *The biology of human starvation*, Minneapolis: University of Minnesota Press.

Kirkpatrick, S.W. and Sanders, D.M. (1978) 'Body image stereotypes: a developmental comparison', *Journal of Genetic Psychology*, 132, 87–95.

Kitzinger, C. (1987) *The social construction of lesbianism*, London: Sage.

Klapper, J. (1960) *The effects of mass communication*, New York: Free Press.

Koff, E. and Bauman, C. (1997) 'Effects of wellness, fitness, and sport skills programs on body image and lifestyle behaviors', *Perceptual and Motor Skills*, 84, 555–62.

Korkia, P. (1994) 'Anabolic steroid use in Britain', *The International Journal of Drug Policy*, 5, 6–9.

Krasnow, M. (1997) *My life as a male anorexic*, London: Harrington Park Press.

Lakoff, R.T. and Scherr, R.L. (1984) *Face value: the politics of beauty*, Boston: Routledge and Kegan Paul.

Lamb, C.S., Jackson, L., Cassiday, P. and Priest, D. (1993) 'Body figure preferences of men and women: a comparison of two generations', *Sex Roles*, 28, 345–58.

Lazarsfeld, P., Berelson, B. and Gaudet, H. (1948) *The people's choice*, New York: Columbia University Press.

Lerner, R.M. and Korn, S.J. (1972) 'The development of body build stereotypes in males', *Child Development*, 43, 912–20.

Lewis, R. (1996) *Gendering orientalism: race, femininity and representation*, London: Routledge.

Lewis, V., Blair, A. and Booth, D. (1992) 'Outcome of group therapy for body-image emotionality and weight-control self-efficacy', *Behavioural Psychotherapy*, 20, 155–65.

McAlpine, J. (1993) 'Mr Muscle cleans up', *The Scotsman*, 13 August, 4.

Major, B., Testa, M. and Bylsma, W. (1991) 'Responses to upward and downward social comparisons: the impact of esteem relevance and perceived control', in J. Suls and T. Wills (eds) *Social comparison: contemporary theory and research* (237–60), Hillsdale, NJ: Erlbaum.

Maloney, M., McGuire, J., Daniels, S. and Specker, B. (1989) 'Dieting behaviour and eating attitudes in children', *Pediatrics*, 84, 482–9.

Mansfield, A. and McGinn, B. (1993) 'Pumping irony: the muscular and the feminine', in S. Scott and D. Morgan (eds) *Body matters* (49–68), London: Falmer.

Markus, H. (1977) 'Self-schema and processing information about the self', *Journal of Personality and Social Psychology*, 35, 63–78.

Marshall, J. (1981) 'Pansies, perverts and macho men: changing conceptions of male homosexuality', in K. Plummer (ed.) *The making of the modern homosexual* (133–54), London: Hutchison.

Mazur, A. (1986) 'U.S. trends in feminine beauty and overadaption', *Journal of Sex Research*, 22, 281–303.

Meredith, B. (1988) *A change for the better*, London: Grafton.

Metropolitan Life Assurance Company (1983) *Statistical bulletin*, New York: Metropolitan Life Assurance Company.

Meyer, R. (1991) 'Rock Hudson's body', in D. Fuss (ed.) *Inside out: lesbian theories, gay theories* (259–90), New York: Routledge.

Miller, C.T. (1984) 'Self schemas, gender and social comparison: a clarification of the related attributes hypothesis', *Journal of Personality and Social Psychology*, 46, 1222–9.

Mintz, L. and Betz, N. (1986) 'Sex differences in the nature, realism, and correlates of body image', *Sex Roles*, 15, 185–95.

Mishkind, M., Rodin, J., Silberstein, L. and Striegel-Moore, R. (1986) 'The embodiment of masculinity: cultural, psychological, and behavioural dimensions', *American Behavioural Scientist*, 29, 545–62.

Mitchell, J. (1989) ' "Going for the burn" and "pumping iron": what's healthy about the current fitness boom?', in M. Lawrence (ed.) *Fed up and hungry: women, oppression, and food* (156–74), London: The Women's Press.

Morgan, D. (1993) 'You too can have a body like mine: reflections on the male body and masculinities', in S. Scott and D. Morgan (eds) *Body matters* (69–88), London: Falmer.

Morgan, K. (1991) 'Women and the knife: cosmetic surgery and the colonization of women's bodies', *Hypatia*, 6, 25–53.

Morris, D. (1985) *Bodywatching*, New York: Crown.

Mort, F. (1988) 'Boys own? Masculinity, style and popular culture', in R. Chapman and J. Rutherford (eds) *Male order: unwrapping masculinity*, London: Lawrence and Wishart.

Muller, M. (1998) *A part of my life – photographs*, London: Scalo.

Myers, B.S. and Copplestone, T. (1985) *Landmarks of Western art*, Middlesex: Newnes.

Myers, P. and Biocca, F. (1992) 'The elastic body image: the effects of television advertising and programming on body image distortions in young women', *Journal of Communication*, 42, 108–33.

Myers, R. and Roth, D. (1997) 'Perceived benefits and barriers to exercise and stage of exercise', *Health Psychology*, 16, 277–83.

Nayak, A. (1997) 'Disclosing whiteness in Haagen-Dazs advertising', *Body and Society*, 3, 33–51.

Neff, L., Sargent, R., McKeown, R., Jackson, K. and Valois, R. (1997) 'Black–white differences in body size perceptions and weight management practices among adolescent females', *Journal of Adolescent Health*, 20, 459–65.

Nisbett, R.E. (1972) 'Hunger, obesity, and the ventromedial hypothalamus', *Psychological Review*, 79, 433–53.

Nochlin, L. (1991) 'The imaginary Orient', in *The politics of vision*, London: Thames and Hudson.

Ogden, J. (1992) *Fat chance: the myth of dieting explained*, London: Routledge.

O'Kelly, L. (1994) 'Body talk', *The Guardian*, 23 October, 30–2.

Orbach, S. (1993) *Hunger strike: the anorectic's struggle as a metaphor for our age*, London: Penguin.

Pennycook, W. (1989) 'Anorexia and adolescence', in M. Lawrence (ed.) *Fed up and hungry: women, oppression, and food* (74–85), London: The Women's Press.

Pliner, P., Chaiken, S. and Flett, G. (1990) 'Gender differences in concern with body weight and physical appearance over the life span', *Personality and Social Psychology Bulletin*, 16, 263–73.

Polivy, J. and Herman, C. (1983) *Breaking the diet habit*, New York: Basic Books.

Pope, H., Katz, D. and Hudson, J. (1993) '*Anorexia nervosa* and "reverse anorexia" among 108 male bodybuilders', *Comprehensive Psychiatry*, 34, 406–9.

Prentice, A. (1995) 'Don't blame the metabolism', *MRC News*, Autumn, 27–31.

Prentice, A. and Jebb, S.A. (1995) 'Obesity in Britain: gluttony or sloth?', *British Medical Journal*, 311, 437–9.

Pruzinsky, T. and Cash, T. (1990) 'Integrative themes in body-image development, deviance and change', in T. Cash and T. Pruzinsky (eds) *Body images: development, deviance and change* (337–49), New York: Guilford Press

Pruzinsky, T. and Edgerton, M. (1990) 'Body image change in cosmetic plastic surgery', in T. Cash and T. Pruzinsky (eds) *Body images: development, deviance and change* (217–36), New York: Guilford Press.

Pultz, J. (1995) *Photography and the body*, London: Orion.

Raudenbush, B. and Zellner, D. (1997) 'Nobody's satisfied: effects of abnormal eating behaviours and actual and perceived weight status on body image satisfaction in males and females', *Journal of Social and Clinical Psychology*, 16, 95–110.

Richins, M. (1991) 'Social comparison and the idealised images of advertising', *Journal of Consumer Research*, 18, 71–83.

Rickert, V., Pawlak-Morello, C., Sheppard, V. and Jay, S. (1992) 'Human growth hormone: a new substance of abuse among adolescents?', *Clinical Pediatrics*, December, 723–5.

Robinson, T., Killen, J., Litt, I., Hammer, L., Wilson, D., Haydel, F., Hayward, C. and Taylor, B. (1996) 'Ethnicity and body dissatisfaction: are Hispanic and Asian girls at increased risk for eating disorders?', *Journal of Adolescent Health*, 19, 384–93.

Rodin, J., Silberstein, L.R. and Streigel-Moore, R.H. (1985) 'Women and weight: a normative discontent', in T.B. Sonderegger (ed.) *Nebraska Symposium on Motivation, vol. 32, Psychology and Gender* (267–307), Lincoln: University of Nebraska Press.

Rosen, J. (1990) 'Body image disturbances in eating disorders', in T. Cash and T. Pruzinsky (eds) *Body images: development, deviance and change* (190–214), New York: Guilford Press.

Rothblum, E. (1990) 'Women and weight: fad and fiction', *The Journal of Psychology*, 124, 5–24.

Rozin, P. and Fallon, A. (1988) 'Body image, attitudes to weight, and misperceptions of figure preferences of the opposite gender: a comparison of men and women in two generations', *Journal of Abnormal Psychology*, 97, 342–5.

St Martin, L. and Gavey, N. (1996) 'Women's bodybuilding: feminist resistance and/or femininity's recuperation', *Body and Society*, 2, 45–57.

Sanders, T. and Bazelgette, P. (1994) *You don't have to diet*, London: Bantam.

Schilder, P. (1950) *The image and appearance of the human body*, New York: International Universities Press.

Schoemer, K. (1996) 'Rockers, models, and the new allure of heroin', *Newsweek*, 26 August, 50–6.

Schulman, R.G., Kinder, B.N., Powers, P.S., Prange, M. and Glenhorn, A.

(1986) 'The development of a scale to measure cognitive distortions in bulimia', *Journal of Personality Assessment*, 50, 630–9.

Secord, P.F. and Jourard, S.M. (1953) 'The appraisal of body cathexis: body cathexis and the self', *Journal of Consulting Psychology*, 17, 343–7.

Shapiro, H. (1992) 'Adjusting to steroid users', *Druglink*, 7, 16.

Shilling, C. (1993) *The body and social theory*, London: Sage.

Siever, M. (1994) 'Sexual orientation and gender as factors in socioculturally acquired vulnerability to body dissatisfaction and eating disorders', *Journal of Consulting and Clinical Psychology*, 62, 252–60.

Silverstein, B., Peterson, B. and Purdue, L. (1986) 'Some correlates of the thin standard of physical attractiveness of women', *International Journal of Eating Disorders*, 5, 898–905.

Singh, D. (1993) 'Adaptive significance of female physical attractiveness: role of the waist-to-hip ratio', *Journal of Personality and Social Psychology*, 65, 293–307.

—— (1995) 'Female judgement of male attractiveness and desirability for relationships: role of the waist-to-hip ratio and financial status', *Journal of Personality and Social Psychology*, 69, 1089–1101.

Slade, P. (1982) 'Toward a functional analysis of *anorexia nervosa* and *bulimia nervosa*', *British Journal of Clinical Psychology*, 21, 167–79.

Slade, P. and Russell, G. (1973) 'Awareness of body dimensions in *anorexia nervosa*: cross-sectional and longitudinal studies', *Psychological Medicine*, 3, 188–99.

Smeets, M.A.M., Smit, F., Panhuysen, G.E.M. and Ingleby, J.D. (1997) 'The influence of methodological differences on the outcome of body size estimation studies in *anorexia nervosa*', *British Journal of Clinical Psychology*, 36, 263–77.

Smith, D. (1990) *Texts, facts and femininity: exploring the relations of ruling*, New York: Routledge.

Smith, M.C. and Thelen, M.T. (1984) 'Development and validation of a test for bulimia', *Journal of Consulting and Clinical Psychology*, 52, 863–72.

Snyder, E.E. and Kivlin, J.E. (1975) 'Women athletes and aspects of psychological well-being and body image', *Research Quarterly*, 46, 191–5.

Snyder, E.E. and Spreitzer, E. (1974) 'Involvement in sports and psychological well being', *Research Quarterly*, 44, 249–55.

Sobal, J. and Stunckard, A. (1989) 'Socio-economic status and obesity: a review of the literature', *Psychological Bulletin*, 105, 260–75.

Sorell, G.T. and Nowak, C.G. (1981) 'The role of physical attractiveness as a contributor to individual development', in R.M. Lerner and N.A. Bush-Rossnagel (eds) *Individuals as producers of their development: a life-span perspective* (389–446), New York: Academic Press.

Staffieri, J.R. (1967) 'A study of social stereotypes of body image in children',

Journal of Personality and Social Psychology, 7, 101–4.

Strauss, R.H. and Yesalis, C.E. (1991) 'Anabolic steroids in the athlete', *Annual Review of Medicine*, 42, 449–57.

Striegel-Moore, R.H., Silberstein, L.R. and Rodin, J. (1986) 'Toward an understanding of risk factors for bulimia', *American Psychologist*, 41, 246–63.

Striegel-Moore, R.H., Tucker, N. and Hsu, J. (1990) 'Body image dissatisfaction and disordered eating in lesbian college students', *International Journal of Eating Disorders*, 9, 493–500.

Stunckard, A.J., Harris, J.R., Pedersen, N.L. and McClearn, G.E. (1990) 'A separated twin study of the body mass index', *New England Journal of Medicine*, 322, 1483–7.

Stunckard, A.J., Sorensen, T. and Schulsinger, F. (1983) 'Use of the Danish adoption register for the study of obesity and thinness', in S. Kety (ed.) *The genetics of neurological and psychiatric disorders*, New York: Raven Press.

Taylor, C. (1997) 'Does my bum look big in this?', *The Independent on Sunday*, 11 May.

Taylor, S. (1995) *Health psychology* (3rd edn), London: McGraw-Hill.

Thomas, T. (1993) 'Slimming eats into new man's soul', *The European*, 12 November.

Thompson, J.K., Penner, L. and Altabe, M. (1990) 'Procedures, problems, and progress in the assessment of body images', in T. Cash and T. Pruzinsky (eds) *Body images: development, deviance and change* (21–46), New York: Guilford Press.

Thompson, J.K. and Spana, R.E. (1988) 'The adjustable light beam method for the assessment of size estimation accuracy: description, psychometrics and normative data', *International Journal of Eating Disorders*, 7, 521–6.

Thompson, J.K. and Tantleff, S. (1992) 'Female and male ratings of upper torso: actual, ideal, and stereotypical conceptions', *Journal of Social Behavior and Personality*, 7, 345–54.

Thompson, S., Corwin, S. and Sargeant, R. (1997) 'Ideal body size beliefs and weight concerns in fourth grade children', *International Journal of Eating Disorders*, 21, 279–84.

Thornhill, R. and Gangestad, S.W. (1994) 'Human fluctuating asymmetry and sexual behavior', *Psychological Science*, 5, 297–302.

Tiggemann, M. (1992) 'Body-size dissatisfaction: individual differences in age and gender, and relationship with self-esteem', *Personality and Individual Differences*, 13, 39–43.

—— (1996) '"Thinking" versus "feeling" fat: correlates of two indices of body image dissatisfaction', *Australian Journal of Psychology*, 48, 21–5.

Tiggemann, M. and Pennington, B. (1990) 'The development of gender differences in body-size dissatisfaction', *Australian Psychologist*, 25, 306–13.

Tiggemann, M. and Rothblum, E. (1988) 'Gender differences and social consequences of perceived overweight in the United States and Australia', *Sex Roles*, 18, 75–86.

Toro, J., Castro, J., Garcia, M., Perez, P. and Cuesta, L. (1989) 'Eating attitudes, sociodemographic factors, and body shape evaluation in adolescence', *British Journal of Medical Psychology*, 62, 61–70.

Touyz, S.W., Beaumont, P.J.V. and Collins, J.K. (1984) 'Body shape perception and its disturbance in *anorexia nervosa*', *British Journal of Psychiatry*, 144, 167–71.

Tricker, R., O'Neill, M.R. and Cook, D. (1989) 'The incidence of anabolic steroid use among competitive body-builders', *Journal of Drug Education*, 19, 313–25.

Turner, B. (1992) *Regulating bodies: essays in medical sociology*, London: Routledge.

Turtle, J., Jones, A. and Hickman, M. (1997) *Young people and health: the health behaviour of school-aged children*, London: Health Education Authority.

Tyler, C.A. (1991) 'Boys will be girls: the politics of gay drag', in D. Fuss (ed) *Inside out: lesbian theories, gay theories* (32–70), New York: Routledge.

Ussher, J. (1993) *The psychology of the female body*, London: Routledge.

Viner, K. (1997) 'The new plastic feminism', *The Guardian*, 4 July, 5.

Wadden, T., Brown, G., Foster, G. and Linowitz, J. (1991) 'Salience of weight-related worries in adolescent males and females', *International Journal of Eating Disorders*, 10, 407–14.

Wannamethee, G. and Shaper, A.G. (1990) 'Weight change in middle-aged British men: implications for health', *European Journal of Clinical Nutrition*, 44, 133–42.

Ward, T. (1983) *Against ageism*, Newcastle: Search Project.

Wardle, J., Bindra, R., Fairclough, B. and Westcombe, A. (1993) 'Culture and body image: body perception and weight concern in young Asian and Caucasian British women', *Journal of Community and Applied Social Psychology*, 3, 173–81.

Wardle, J. and Marsland, L. (1990) 'Adolescent concerns about weight and eating: a social-developmental perspective', *Journal of Psychosomatic Research*, 34, 377–91.

Warren, C. and Cooper, P.J. (1988) 'Psychological effects of dieting', *British Journal of Clinical Psychology*, 27, 269–70.

Watney, S. (1995) 'AIDS and the politics of gay diaspora', in M. Dorenkamp and R. Henke (eds) *Negotiating lesbian and gay subjects*, New York and London: Routledge.

Weiderman, M. and Prior, T. (1997) 'Body dissatisfaction and sexuality among women with *bulimia nervosa*', *International Journal of Eating Disorders*, 21, 361–5.

Wells, W. and Siegel, B. (1961) 'Stereotyped somatotypes', *Psychological Reports*, 8, 77–8.

Werlinger, K., King, T., Clark, M., Pera, V. and Wincze, J. (1997) 'Perceived changes in sexual functioning and body image following weight loss in an obese female population: a pilot study', *Journal of Sex and Marital Therapy*, 23, 74–8.

Whitehead, M. (1988) 'The health divide', in P. Townsend, N. Davidson and M. Whitehead (eds) *Inequalities in health* (217–357), Harmondsworth, Middlesex: Penguin.

Wiggins, J., Wiggins, N. and Conger, J. (1968) 'Correlates of heterosexual somatic preference', *Journal of Personality and Social Psychology*, 10, 82–90.

Wilcosky, T., Hyde, J., Anderson, J.J.B., Bangdiwula, S. and Duncan, B. (1990) 'Obesity and mortality in the Lipid Research Clinics Program Follow-up Study', *Journal of Clinical Epidemiology*, 43, 743–52.

Wilson, E. (1997) 'Why are more men having cosmetic surgery?', *The Express*, 18 February, 48–9.

Wilson, G.T. and Smith, D. (1989) 'Assessment of *bulimia nervosa*: an evaluation of the eating disorders examination', *International Journal of Eating Disorders*, 8, 173–9.

Wolf, N. (1991) *The beauty myth: how images of beauty are used against women*, New York: William Morrow.

Wooley, O., Wooley, S. and Dyrenforth, S. (1979) 'Obesity and women', *Women's Studies International Quarterly*, 2, 81–92.

Yeselis, C. and Bahrke, M. (1995) 'Anabolic-androgenic steroids', *Sports Medicine*, 19, 326–40.

Yingling, T. (1991) 'AIDS in America: postmodern governance, identity and experience', in D. Fuss (ed.) *Inside out: lesbian theories, gay theories* (291–310), New York: Routledge.

Zellner, D., Harner, D. and Adler, R. (1989) 'Effects of eating abnormalities and gender on perceptions of desirable body shape', *Journal of Abnormal Psychology*, 98, 93–6.

Zigmond, A. and Snaith, R. (1983) 'The hospital anxiety and depression scale', *Acta Psychiatrica Scandinavica*, 67, 361–70.

身體意象

原　　著 / Sarah Grogan

主　　編 / 余伯泉博士與洪莉竹博士

譯　　者 / 黎士鳴

執行編輯 / 黃碧釧

出 版 者 / 弘智文化事業有限公司

登 記 證 / 局版台業字第 6263 號

總 經 銷 / 揚智文化事業股份有限公司

地　　址 / 台北縣深坑鄉北深路三段 260 號 8 樓

電　　話 / （02）8662-6826．8662-6810

傳　　真 / （02）2664-7633

E-mail / service@ycrc.com.tw

製　　版 / 信利印製有限公司

ISBN / 957-04533-37-0

版　　次 / 2005 年 06 月初版二刷

定　　價 / 250 元

弘智文化出版品進一步資訊歡迎至網站瀏覽：

http:// www.ycrc.com.tw

國家圖書館出版品預行編目資料

身體意象 / Sarah Grogan作；黎士鳴譯. --
初版. -- 臺北市：弘智文化, 2001〔民90〕
    面；   公分
參考書目：面
含索引
譯自：Body image ： understanding body
dissatisfaction in men, women, and
children
ISBN 957-0453-37-0（平裝）

1.環境心理學

541.75   90013801